Inteligência Sexual

MARTY KLEIN, Ph.D.

Inteligência Sexual

O QUE NÓS REALMENTE QUEREMOS DO SEXO E O QUE FAZER PARA CHEGAR LÁ

Tradução
Vera Caputo

Título original: *Sexual Intelligence – What We Really Want from Sex – and How to Get it*
Copyright © 2012 Marty Klein, Ph.D.

Publicado originalmente em 2012 pela HarperCollins Publishers.

Todos os direitos reservados. Nenhuma parte desta obra pode ser reproduzida ou transmitida por qualquer forma ou meio eletrônico ou mecânico, inclusive fotocópia, gravação ou sistema de armazenagem e recuperação de informação, sem a permissão escrita do editor.

As experiências pessoais relatadas neste livro são verdadeiras, mas os nomes e os detalhes foram alterados para proteger a identidade dos envolvidos.

Direção editorial
Jiro Takahashi

Editora
Luciana Paixão

Editora assistente
Anna Buarque

Preparação de texto
Erika Alonso

Projeto Gráfico, Diagramação e Revisão de texto
Books & Ideas e Lazz Design

Produção de arte
Marcos Gubiotti

Imagem de capa: Shutterstock/ Evgenyi

CIP-Brasil. Catalogação na fonte
Sindicato Nacional dos Editores de Livros, RJ

K72i   Klein, Marty
         Inteligência sexual: o que realmente queremos do sexo e como chegar lá / Marty Klein; tradução Vera Caputo. - 1. ed. - São Paulo: Prumo, 2013.
         256 p. ; 21 cm

         Tradução de: Sexual inteligence
         Apêndice
         Sumário
         ISBN 978-85-7927-289-9

         1. Comportamento sexual. 2. Sexo. 3. Terapia sexual. I. Título.

13-02870   CDD: 306.7
                                                                          CDU: 392.6

Direitos de edição: Editora Prumo Ltda.
Rua Júlio Diniz, 56 – 5º andar – São Paulo – SP – CEP: 04547-090
Tel.: (11) 3729-0244 – Fax: (11) 3045-4100
E-mail: contato@editoraprumo.com.br
Site: www.editoraprumo.com.br
facebook.com/editoraprumo | @editoraprumo

Sumário

Agradecimentos

10   Introdução

Não é surpresa que muitos não consigam

PARTE 1

Falando a verdade sobre sexo

19   1. O que as pessoas esperam do sexo?
E o que elas realmente querem?

39   2. Eu sou normal?
Por que focar no sexo normal enfraquece o sexo?

59   3. O que é Inteligência Sexual?
Por que ela é tão importante?

PARTE 2

Os componentes da Inteligência Sexual

77   4. O cérebro
Informação e conhecimento

105 5. O coração
Habilidades emocionais

125 6. O corpo
Consciência corporal e conforto

PARTE 3

Implicações e aplicações

149   7.   Deixe para lá
              Obstáculos para o desenvolvimento da Inteligência Sexual

173   8.   Novo foco, novas abordagens
              Como desenvolver sua Inteligência Sexual

195   9.   Aceite o inevitável
              Os desafios da saúde e da idade

221   10. Crie um sexo infalível (ou bem-sucedido)
              Use sua Inteligência Sexual

Apêndice 1

237   Para casais, terapeutas, psicólogos e médicos

Apêndice 2

255   Massagem na mão: um exercício

Agradecimentos

Conversas e elucubrações infinitas sobre o sexo: isso pode ser o ideal e talvez seja mesmo. Mas também dá muito trabalho. Não é fácil compreender um dos mais perturbadores e polêmicos temas da experiência humana. Traduzir essa compreensão em ideias reconhecíveis e transmiti-las de maneira compreensível e agradável — essa, sim, é uma tarefa difícil, frustrante e até hercúlea. Talvez seja o ideal, mas não é nada romântico.

Felizmente, não fiz isso sozinho. Contei com parceiros generosos em longas conversas, profissionais competentes e experientes que avaliaram e questionaram minhas ideias. As informações deste livro são resultado desses inúmeros encontros que avançaram pelas noites e se prolongaram pelas madrugadas. Agradeço também aos amigos Vena Blanchard, Doug Braun-Henry, Larry Hedges, Dagmar Herzog, Paul Joannides e Charles Moser, com os quais compartilho os mesmos pontos de vista.

Embora não nos encontremos com frequência, sempre aprendo alguma coisa quando discuto as intersecções de cultura e sexualidade com Ellyn Bader, Mickey Diamond, Bill Fisher, Melissa Fritchle, Meg Kaplan, Dick Krueger, Janet Lever, Deb Levine, Peter Pearson, Pepeer Schwartz, Bill Taverner, além de Carol Travis. Megan Andelloux, que fez valiosos comentários dos primeiros esboços.

Susan Boyd generosamente ajudou a entender a importância do meu trabalho para o novo mundo da mídia social. Seu olhar contemporâneo e sensível me foi de grande ajuda.

Veronica Randall mais uma vez moldou, deu forma aos pensamentos e, depois, a minha escrita. Nos primeiros estágios deste livro, foi ela quem apontou o que não estava claro. E sempre o fez com muita delicadeza.

Michael Castleman é um amigo e colega especial (e excelente autor). Mesmo que não fosse sua intenção, questionou constantemente o que eu disse. A constância e o respeito de seu afeto, independentemente das minhas respostas, foram ainda mais úteis. Ele foi a pessoa que mais me tranquilizou em relação às reações a este trabalho.

Doug Kirby e Jack Morin são dois amigos muito queridos. A confiança deles em minha capacidade ajudou-me a superar mais de uma vez minhas dúvidas sobre escrever mais um livro. Há décadas que nós investigamos juntos a sexualidade e a vida a dois. Graças a isso, sou hoje um sexólogo e uma pessoa muito melhor.

Eric Brandt levou o livro à HarperOne. Durante o tempo que nos relacionamos, foi uma mão carinhosa e valiosa.

Agradeço profundamente a minha editora, Cindy DiTiberio. Com entusiasmo e sensibilidade, ela fez o que devem fazer os editores, mas poucos conseguem: melhorou muito este livro.

Tiro o chapéu para meu agente Will Lippincott. Will é um cavalheiro à moda antiga, com uma sensibilidade muito moderna. Para minha sorte, ele circula com elegância pela indústria mais antiga do mundo, compreendendo-a, e também a mim, profundamente. Somos duas pessoas muito diferentes — e ele, generosa e graciosamente, soube usar isso a nosso favor.

E quanto a minha esposa? Minha paciente, intuitiva, culta e adorada esposa? Ah, não vou nem começar: isso exigiria um livro completamente novo. Só posso dizer que, se você a conhecesse, teria inveja de mim.

Inteligência Sexual

Introdução

Não é surpresa que muitos não consigam

Verdadeiro ou Falso?
(Respostas na página 15.)

- Vibradores, algemas, consolos e esferas anais são vendidos livremente na Amazon.com e em outras lojas on-line.
- Oitenta e seis por cento dos adultos norte-americanos se masturbam.
- Embora milhares de homens procurem anualmente receitas de Viagra, Cialis ou Levitra, é muito baixo o número de homens que renovam suas receitas.
- Os adeptos do sadomasoquismo (SM) — espancar, chicotear, usar vendas nos olhos etc. — têm muito mais histórico de abuso na infância que os não adeptos.
- Homens de todas as idades não ejaculam todas as vezes que têm relação sexual — e as mulheres se culpam por isso.
- Em 2010, apenas 20% dos universitários pesquisados diziam que sexo oral era "sexo".
- No ano passado gastou-se mais dinheiro em pornografia nos Estados Unidos do que em ingressos para jogos profissionais de basquete, beisebol, futebol e hóquei.
- Mais de um milhão de norte-americanos frequentaram clubes de suingue no último ano.
- Metade dos livros vendidos em bancas de jornal norte-americanas diz respeito a histórias românticas. No ano passado, metade dos adultos norte-americanos leu pelo menos um deles. O leitor médio lê *cinquenta* ao ano.

- Os programas de educação sexual nos Estados Unidos não usam as palavras *clitóris* ou *prazer*.

O sexo não é só uma atividade — é uma ideia.

A ideia que temos do sexo é tão complicada que a própria atividade se complica. Estou aqui para *descomplicar* não só a ideia que você tem do sexo, mas sua atividade sexual. Nesses meus trinta e tantos anos de terapia sexual e aconselhamento conjugal, muitas vezes consegui deixar o sexo mais fácil e mais agradável. E também mais frequente.

Em nossa juventude, o impulso sexual é motivado por hormônios, desejo, curiosidade, novidade e necessidade de autoafirmação. Não é difícil ficar muuuito excitado. Desejamos a mais profunda — e primitiva — fusão com nosso objeto de desejo. Basta baixar o zíper sobre o peito nu para que o outro se entregue!

Aprendemos que o desejo é despertado, não pelos hormônios, mas pelo amor. Pretendemos sentir um dia que "você é tão legal, tão perfeito para mim que eu quero você".

E nos apaixonamos. Idealizamos nosso parceiro. E, consequentemente, ficamos excitados diante dele ou dela.

À medida que o relacionamento evolui, os parceiros passam a se conhecer melhor. A rotina se instala. Qualquer novidade terá de ser inventada — um fim de semana no campo, uma cama nova, outras fantasias. E o parceiro não é mais idealizado. Quando isso acontece, o amor não é mais suficiente para provocar o desejo porque a vida interfere.

E o sexo passa a ser menos frequente. Mais rotineiro. Ou ambos.

Se o relacionamento é novo e o sexo é uma agradável novidade, não custará muito para acontecer um encontro sexual. Ouvir um "não" não nos incomoda, assim como não nos incomoda ouvirmos um "sim". Mas se o sexo for menos frequente, ficaremos muito mais aborrecidos. É mais difícil tomar a iniciativa para um encontro sexual, mais cansativo e mais carregado de ansiedade também.

Tanto esforço começa a superar as vantagens de fazer sexo. Um casal que está junto há mais tempo tem outras maneiras de se satisfazer: faz um passeio, cozinha lado a lado, assiste à TV, tira uma soneca, fotografa os filhos. Mas se o tempo livre é limitado e o casal sabe que outras coisas também os satisfazem, não faz sentido escolher o sexo, que talvez envolva decepção, autocrítica e distância emocional.

Por isso, os casais que estão juntos há mais tempo e se gostam preferem o que é mais seguro: fazer sexo com menos frequência e substituí-lo por outras coisas que agradem a ambos mais facilmente.

Se você e seu parceiro querem que o sexo faça parte da vida de vocês após os primeiros anos de convivência, não espere sentir desejo hormonal, não espere ser dominado pela paixão, não pense que é o que existe de melhor para fazer. O casal deve fazer algo que seja essencialmente irracional: propor alguma coisa que seja menos agradável e custe mais emocionalmente do que uma atividade de lazer qualquer.

O que dizer do sexo que você consegue fazer hoje quando, finalmente, acaba fazendo sexo?

Todo mundo aprende sobre sexo quando tem o corpo ainda jovem. Aos 30 anos, ninguém mais tem mais o mesmo corpo. E aos 40? Você tem boa aparência, tem estilo, ainda chama a atenção. Mas não tem mais o mesmo corpo que tinha quando aprendeu o que era o sexo. Seu corpo se comporta hoje de maneira diferente, não é?

Não dá certo querer em um corpo maduro a visão que você tinha do sexo quando era jovem. As sensações se rebelarão: se o sexo significar, por exemplo, lubrificação instantânea, ereção firme, intercursos vigorosos e orgasmos simultâneos, você ficará ansioso para não falhar — e essa é mais uma razão para não tomar a iniciativa para o sexo, ou não corresponder às expectativas do parceiro.

Mas se a visão que você tem do sexo estiver em sintonia com sua situação real — algumas imperfeições no corpo, um parceiro que não é mais jovem, limitações de tempo e espaço, cicatrizes emocionais —, se sentirá mais seguro para tomar a iniciativa porque as chances de um intercurso satisfatório serão muito maiores. No entanto, terá de refazer algumas noções sobre o significado do desejo e da excitação, da "função" e "disfunção" sexual.

Em suma, você precisa pensar no sexo de outra maneira.

Sem dúvida é um incômodo mudar a maneira de ver e conceber o sexo — "se eu fosse mais jovem, não teria de mudar nada", ou "se eu ainda fosse bom de cama, não precisaria enxergar de outro jeito" —, mas é necessário. Se você se dispuser a mudar sua maneira de ver o sexo e tiver novas expectativas, senso de humor e certa humildade, alguma coisa muito agradável surgirá.

Não é surpresa que muitos não consigam.

* * *

Neste livro, você conhecerá trinta pacientes meus. São ótimas pessoas (bem, a maioria delas) mas que transformaram o sexo em uma dificuldade. Queriam que fosse normal, fosse escondido, fosse romântico, fosse jovem, fosse receptivo ou que jamais falhasse.

Por isso, se sentiram intimidadas, eram ressentidas, pessimistas, nervosas. E punham a culpa no sexo, nas mulheres, na pornografia, na menopausa, na economia, nos seios pequenos, no "estresse". Gosto muito dos meus pacientes, mas às vezes eles são como essa gente que usa palavras feias para falar de sexo.

Meus pacientes querem sexo "natural" e "espontâneo", que "simplesmente aconteça". Muitos rejeitam a ideia de se esforçar para criar um sexo adulto, por isso se prendem ao sexo adolescente — namoros, novelas românticas, bate-papo na internet, pornografia constante, desejo em baixa.

Mas é hora de crescer e aprender a experimentar novamente nossa sexualidade. É hora de ter Inteligência Sexual. Mas o que é isso?

Inteligência Sexual =
Informação + Habilidades Emocionais + Consciência Corporal

Eis uma amostra do que significa:

- Inteligência Sexual é a capacidade de manter o sexo em perspectiva, independentemente do que acontece durante o ato sexual.
- Para obter mais do sexo, é preciso mudar. Para mudar é preciso ter uma perspectiva diferente. A Inteligência Sexual é essa perspectiva.
- A Inteligência Sexual é útil de várias maneiras em vários momentos da vida: aos 20 anos, para explorar o universo sexual; aos 30, para encontrar um parceiro e criar um ritmo sexual; aos 40, para tolerar e se adaptar às mudanças; aos 50, para se despedir do sexo jovem; aos 60 e acima, para criar um novo estilo sexual.

A boa notícia é que a Inteligência Sexual ajuda a explicar por que você não tem conseguido melhorar o sexo que pratica (porque seu paradigma não mudou) e promete que alguma coisa que você ainda não tentou pode dar certo.

A perspectiva da Inteligência Sexual antevê e explica algumas das principais características da sexualidade contemporânea:

- Por que o Viagra não ajuda muita gente, mesmo que tenha ereção.
- Por que aprender novas posições não melhora um sexo frustrante.
- Por que os problemas causados pelo desejo são as questões mais comuns que as pessoas trazem para a terapia.
- Por que os problemas causados pelo desejo são os mais desafiadores da terapia sexual.
- Por que a pornografia on-line cresceu tanto e por que tanta gente faz ou consome pornografia amadora.
- Por que as pessoas se sentem tão mal quando estão sexualmente insatisfeitas.

A Inteligência Sexual nos permite usar a sexualidade para nos expressarmos de forma mais autêntica. É claro que é possível fazer sexo sem ela, mas não refletirá necessariamente quem somos (ou pensamos ser). Quando alguém está sexualmente insatisfeito, não conta com sua Inteligência Sexual. Tenta se apegar às coisas erradas: ereção, orgasmo, lubrificação, corpo envelhecido. E mesmo que o apego seja real, ele não tornará o sexo mais agradável. É como querer ensinar um porco a cantar: você não vai conseguir e acabará deixando o porco irritado.

A Inteligência Sexual tira você do sexo adolescente e o leva para o sexo adulto. Tira você do sexo movido a hormônios e o leva para o sexo que você escolher. Tira você do "sexo que me valoriza" e leva você para "eu valorizo a minha sexualidade". Permite que o sexo se adapte a você, e não você a ele.

Após 30 anos ouvindo pessoas sexualmente frustradas, infelizes, confusas, ressentidas, ansiosas, impulsivas e críticas, reuni as similaridades do sexo não satisfatório. Mas o sexo que satisfaz, que complementa a vida, é bem diferente. Ele se apresenta em uma infinidade de tons que são criados por pessoa, por casal. Vamos descobrir qual é a *sua* versão — e usar a Inteligência Sexual para criá-la.

Respostas às perguntas da página 10:
As dez asserções são todas verdadeiras.

PARTE 1

Falando a verdade sobre sexo

CAPÍTULO 1

O que as pessoas esperam do sexo?
E o que elas realmente querem?

Carlton me fez a seguinte pergunta: "Por que não quero transar?"
Era mais um dia rotineiro no consultório.

Carlton é um engenheiro aposentado, um senhor de 68 anos de idade, de boa aparência e sorriso fácil. Ele me contou que tinha uma nova namorada – "embora seja engraçado chamar de namorada uma mulher de 63 anos de idade", ele riu.

Carlton tinha saído havia apenas um ano de um longo casamento de 30 anos que, a mim, pareceu terrível. Sua esposa, Genevieve, que não teve filhos e sentia-se frustrada com sua vida profissional no mercado imobiliário que nunca deslanchou, tinha se tornado uma mulher amargurada e fria. E ele se afastou – primeiro dela, depois de todo o resto. Sua vida resumia-se a trabalhar e evitar Genevieve. O sexo, que nunca teve um papel central no casamento deles, logo deixou de existir.

Quando Genevieve finalmente pediu o divórcio, ele se viu sozinho. Cerca de oito meses depois, ele conheceu Lina por intermédio de um amigo comum. "Eu não acreditei", ele confessa. "Ela era carinhosa, amiga, inteligente, cheia de vida." Eles saíram para almoçar algumas vezes e passaram uma noite juntos. Depois começaram a se encontrar também à tarde.

"Ela gostava de me beijar, dizia que eu beijava bem", ele revelou timidamente, evitando meu olhar. Nunca mais alguém tinha dito tal coisa a ele desde os seus 18 anos de idade. "Logo começamos a nos explorar fisicamente e a fazer sexo de várias maneiras. Passávamos manhãs inteiras nessa brincadeira. Era ótimo!"

À tarde eles saíam para caminhar, pedalar de bicicletas, assistir a filmes, visitar museus. Ele reencontrou a música. Foi uma fase maravilhosa. Ela o ajudava a escolher roupas novas, mais elegantes. "Esta camisa de seda, por exemplo", ele mostrou. "E ela se vestia para mim até quando ficávamos em casa. Era maravilhoso!"

Mas Lina também queria transar. Ele não. Ela perguntava por quê. Ele não sabia dizer. Ela sugeriu que ele me procurasse.

"Então por que não quero transar?", ele indagou.

"Por que você acha que não quer transar?", devolvi a pergunta.

"Bem, a terapeuta de Lina diz que provavelmente tenho medo da intimidade. Tive algumas sessões com um terapeuta antes de vir aqui. Ele disse que hesito em assumir meu papel masculino na relação, principalmente porque me senti castrado em meu casamento."

"Você concorda com isso?"

"Hummm, acho que não, mas não tenho certeza. Todo mundo quer transar, não quer? Lina está sempre disposta. Ela me garante que vou adorar. O que há de errado comigo?"

"Bom", comecei, invertendo o conceito convencional, "por que você deveria querer transar?"

"Nunca pensei nisso. É o que todo mundo quer, não é?"

"Não estamos aqui para falar de todo mundo, Carlton, mas de você. Você não está evitando gravidez, está?". Nós dois rimos. "Por que, então, a relação tem de ser especial, por que tem de estar no topo de alguma hierarquia?"

"Que conversa mais estranha", ele comentou, mas ficou intrigado.

"Você está tendo o melhor sexo da sua vida, não é, Carlton?"

"Estou."

"Gosta muito de acariciar e beijar o corpo nu de uma linda mulher cheia de energia e entusiasmo, não é mesmo?"

"É."

"Vocês dois sentem prazer, têm orgasmo e estão juntos o tempo todo. Para que mudar as coisas?"

Ele pensou um pouco e respondeu em voz baixa.

"Ela quer que eu queira transar. Diz que quer se sentir desejada e que é assim que a mulher sabe que é desejada. É claro que eu a desejo. Digo isso a ela o tempo todo, fazemos sexo sempre, mesmo quando não estou muito a fim."

Carlton não era um "amante preguiçoso", gostava de sexo e da intimidade com Lina. Mas quando começou a prestar mais atenção a sua verdadeira experiência com ela, percebeu que estava sendo forçado.

"Ela fica nervosa quando pensa que não quero transar. E eu me canso de dizer a ela que não é isso."

Lina diz que quer que Carlton faça amor com ela "como homem".

"Eu não sirvo para isso", ele reclamou. Ficou claro para mim que ele não tinha *medo* de bancar "o macho" – só não achava divertido. E quanto mais ela solicitava, mais ele recuava – e isso o assustava.

"Carlton, você parece a Bela Adormecida. Nesses meses que está com Lina você acordou, o que é muito bom. No começo você a aceitou como um guia para trazê-lo de volta à vida. Agora está se tornando mais independente e parte da rigidez e das inseguranças de Lina estão perdendo o encanto."

"É verdade", ele concordou, vigorosamente. "A vida é minha e nem tudo tem de ser como ela quer. Para ser sincero, gostaria de usar algumas das minhas camisas velhas!". Nós dois rimos. "Mas fico nervoso quando penso que terei de confrontá-la. Quero estar com ela, mas não quero que ela me diga como devo fazer amor. E nem que me force a ser o homem que ela quer que eu seja."

Quando Carlton começou a estabelecer limites para Lina, eles quase romperam. Algumas semanas de brigas e discussões fizeram com que chegassem a um entendimento muito melhor, não só de si mesmo, mas também do outro.

"Quando a relação sexual não está carregada de tanta tensão e tanta importância, fica mais interessante", ele disse. "Por enquanto, nós concordamos que um sexo bem feito é mais importante que um sexo qualquer. Pelo menos ela concorda que seja assim por enquanto, depois voltaremos a conversar."

* * *

O que dizem os outros

O que homens e mulheres dizem esperar do sexo?

De um lado, eles mencionam várias coisas: orgasmo, "intimidade", sentir-se desejado, um bom sexo oral, muitos beijos, um pênis rígido, tapinhas de leve e satisfazer o parceiro, por exemplo.

De outro, as respostas se resumem em: *o que se espera do sexo é um misto de prazer e intimidade.*

Mas, como terapeuta sexual, afirmo que *não* é nisso que as pessoas se concentram durante o sexo. E você?

E no que é que todos se concentram quando fazem sexo?

- No próprio desempenho.
- Nos cheiros.
- Nos ruídos.
- Em evitar uma atividade não desejada (por exemplo, que o parceiro morda seu ombro).

- Em ignorar (ou evitar) a dor.
- Em alcançar o orgasmo.
- Em manter a ereção ou a lubrificação.
- Em disfarçar as emoções.
- Em fazer "do jeito certo".
- Ou em conduzir indiretamente, silenciosamente, o parceiro a certa atividade (como a estimulação do clitóris).

Não surpreende que as pessoas sintam-se insatisfeitas em relação ao que dizem esperar do sexo, porque na hora agá estão concentradas em tudo, *menos* no que está acontecendo.

E dizem que se concentram em outras coisas (no que estão fazendo ou se estão reprimindo emoções) *para* ter um sexo melhor. "Eu não quero que ele perceba que minhas nádegas são grandes, por isso não permito que me vire de costas", disse uma mulher. E alguns homens costumam dizer: "Sempre me preocupo se ela não fica entediada enquanto faz sexo oral em mim, por isso, presto atenção nas expressões dela: se a testa está franzida, se a posição dela está desconfortável..."

Quanto à satisfação sexual, muitos preferem se concentrar no funcionamento das respectivas genitálias: "Preciso saber como faço para manter a ereção o suficiente para que minha mulher possa gozar", ou "Se acho que estou demorando muito para gozar, às vezes eu apresso, outras finjo que cheguei lá".

A maioria não considera que isso sejam distrações, mas são – muito mais do que as contas por pagar ou a pia repleta de pratos. *Preocupar-se com o funcionamento do pênis e da vulva é uma maneira de afastar o prazer e a intimidade.* Mesmo que muitos digam que é uma maneira de tornar o sexo melhor, afirmo que é exatamente o contrário.

Muita gente (e muitos terapeutas) parece não entender isso. Ninguém entra em meu consultório para dizer: "Por favor, me ajude a afastar a atenção das minhas ereções, dos meus orgasmos, do meu desejo de fazer tudo certo – isso está me impedindo de ter um sexo prazeroso". Não, o que as pessoas querem é que eu as ajude a fazer *melhor*. "Doutor, o que devo fazer para nós dois atingirmos o orgasmo ao mesmo tempo?" "Doutor, como faço para manter a ereção no sexo oral se ela estiver me machucando?"

É importante ajudar as pessoas a identificar o que elas realmente pensam durante o sexo. Mais importante ainda é ajudá-las a perceber que seus pensamentos são os grandes obstáculos para que se sintam satisfeitas.

Muita gente *se observa* durante o sexo muito mais do que vive a *experiência* sexual – e geralmente isso enfraquece o prazer. Nós imaginamos, julgamos e nos preocupamos com o que nosso parceiro vê, cheira, ouve ou sente. E nos distraímos muito mais do que quando pensamos no trabalho, na lavanderia. Porque, quando fazemos sexo e queremos saber como o outro está nos vendo, nós nos monitoramos incessantemente. Tomamos decisões sobre como ser autêntico, sobre em que posição ficar. (É também por essa razão que as pessoas fingem ter orgasmos.) A vigilância constante interrompe drasticamente nossas sensações e expressões eróticas e também nossa satisfação.

É o mesmo que usar um caríssimo terno branco para ir a um jantar especial e, para não sujar o terno, você passa o tempo todo prestando atenção nele e não aprecia a comida.

Por que você se concentra em outras coisas?

Talvez você se concentre na sua barriga grande, nos seus pelos púbicos cada vez mais brancos ou nos seios já não tão firmes (lembre-se de que os seios não *murcham* com a idade, mas *relaxam*); ou então se preocupa em manter a ereção por mais tempo, se não estará cheirando mal quando o parceiro relaxa sobre seu corpo. Por que pensamos em coisas tão desagradáveis quando fazemos sexo?

Uma das razões é porque acreditamos que a sexualidade nasce e morre nesses detalhes; e que para sentir-se satisfeito é preciso ser "sensual". Mas trataremos dessa questão perigosa (e incorreta) mais adiante. Outra razão é que, afinal, queremos do sexo muitas outras coisas além do prazer e da intimidade.

Para a maior parte dos homens e das mulheres, essas necessidades são:

- Sentir-se sexualmente desejável.
- Sentir-se sexualmente competente.
- Reforçar a própria masculinidade ou feminilidade.
- Sentir-se normal.
- Aliviar-se da ansiedade do bom desempenho e assim por diante.

Grande parte do nosso comportamento ao redor do sexo tem como objetivo comunicar essas outras necessidades, reconhecidas ou não por nós. Como veremos adiante, nossas estratégias geralmente não dão certo e mesmo assim as utilizamos. E o resultado é que colocamos muita pressão sobre o sexo para comunicar necessidades essencialmente não sexuais. Em outras palavras, a maioria de nós tem necessidades emocionais que tenta transmitir por meio do sexo, e o sexo *não* é a melhor maneira de satisfazê-las.

Para algumas pessoas, confiança, confirmação e alívio são as verdadeiras recompensas do sexo. Evidentemente, prazer e intimidade são ótimos, mas nem de longe se comparam a sentir-se completo, real, normal ou que "fiz bem e posso relaxar". Hoje sei que é precisamente isso que muita gente tenta realizar por meio do sexo.

Não estou dizendo que *não* se deve querer do sexo prazer e intimidade. Uma combinação dessas duas sensações é o que todo mundo quer do sexo – mas *depois* que suas necessidades emocionais forem satisfeitas.

Mas nem sempre se tem consciência disso. Se você entra em conflito com suas necessidades emocionais, se tenta satisfazê-las por meio do sexo voltado para um bom desempenho e nem se dá conta disso, provavelmente vai achar que fazer sexo dá muito trabalho, que é normal se sentir só em uma relação sexual e que durante o ato sexual não é o momento de ser como você é.

É o que meus pacientes demonstram quando dizem, por exemplo, que "o sexo não é mais tão bom como era antes" ou que "quando faço sexo, algo se perde e eu não sei exatamente o que é".

Tentar ganhar indiretamente confiança, afirmação ou qualquer satisfação psicológica através do sexo – principalmente se não admitimos nossa expectativa nem para nós mesmos, e muito menos para o parceiro –, o sexo se complica, fica imprevisível e é muito mais trabalhoso. E será ainda mais difícil se a definição da satisfação esperada for limitada e rígida; o "sucesso" sexual será frustrante e enganoso se "masculinidade" for sinônimo de ereção, independentemente do cansaço, ou se "competência" significar impreterivelmente atingir o orgasmo.

Talvez isso ajude a explicar por que você não está focado no prazer e na intimidade durante a relação sexual. Por que está esperando qualquer outra coisa, saiba ou não o que é. E também explica por que tantos se sentem sexualmente insatisfeitos – por que o sexo não lhes dá o que realmente querem, melhor dizendo, *não pode* lhes dar por meio da excelência genital. E a satisfação psicológica que eventualmente for alcançada não será completa porque é indireta, irreconhecível e fugaz.

Se você não diz ao parceiro quais são suas expectativas, facilmente vai se sentir sozinho na relação sexual. E, certamente, é mais difícil ter o sexo que você quer quando não envolve diretamente seu parceiro.

Se você é daqueles que quer mais "comunicação" sobre o sexo, comece por aqui: diga ao seu parceiro que você quer mais do sexo que apenas orgasmos incríveis (quer os tenha ou não). Mas deixe claro que não está pedindo que ele lhe "proporcione" uma boa experiência emocional (para não parecer uma exigência); diga que você vê sua vida sexual como colaboração e reconhece que também precisa se dar um pouco mais.

Meu paciente Craig, por exemplo, ficava tímido diante do passado sexual muito ativo de sua nova companheira. Ellie nunca lhe escondeu nada, mas ele desconfiava do contrário. E como se não bastasse, não tinha superado a infidelidade de sua primeira mulher quando se envolveu com Ellie.

Craig queria ouvir que era o melhor amante que Ellie já tivera – em parte porque competia com seus parceiros anteriores e em parte porque temia perdê-la, como perdera a primeira esposa.

Mas jamais disse isso a ela de forma simples e direta. Depois que faziam amor (em geral três a quatro vezes por semana), ele perguntava se ela tinha gostado, se tinha gozado (como se não pudesse perceber e sentir por si mesmo!), se estava satisfeita. Não que ela se incomodasse com isso, mas ao obrigá-la a responder sim, sim, sim, ele se sentia sexualmente mais importante e competente. Embora Craig não admitisse antes da terapia, essa atitude tinha tanta importância para ele quanto a intimidade e o prazer que o sexo com Ellie lhe proporcionava.

A ansiedade do desempenho

Para muitos, o sexo está relacionado principalmente a sucesso e fracasso: seja ferindo, decepcionando ou perturbando sem querer o parceiro; seja mostrando-se inadequado e inexperiente; seja bancando o tolo. Com frequência as pessoas temem que o corpo delas não faça o que "deve" (ter ereção) e faça o que "não deve" (urinar na cama). O máximo que milhões de homens e mulheres conseguem obter do sexo é "até que não sujei muito".

Como veremos adiante, uma das boas coisas do sexo é ser um espaço onde os erros são simplesmente impossíveis e onde, essencialmente, nada dá errado – não porque somos sexualmente perfeitos, mas porque podemos reformular radicalmente a definição de "sucesso" sexual.

Enquanto isso, veja alguns exemplos de ansiedade do desempenho tirados de meus pacientes. Talvez você já tenha dito ou pensado em alguns:

- "Ela quer fazer sexo no dia do aniversário dela – não posso garantir se estarei a fim."
- "Não posso competir com Megan Fox nem Angelina Jolie."
- "Outro dia saímos com um casal que estava apaixonado. Fiquei intimidado diante de tanto tesão."
- "Oprah diz que se você não tem ereção, a culpa ou é minha ou é sua."
- "Minha namorada emagreceu e comprou lingerie nova – e se nem isso me estimular?"
- "A noite está perfeita – e eu posso estragar tudo se a gente transar e eu gozar muito depressa."
- "Ele não me procurou a semana toda e amanhã as crianças voltam das férias."
- "O filme a que assistimos ontem era tão forte que nos deixou excitados."

Todo mundo quer "desempenhar bem" no sexo, imaginando que é a melhor maneira de dar "satisfação" (e evitar o "fracasso" e a decepção do parceiro). Mas, principalmente, porque grande parte do "bom desempenho" sexual independe do nosso controle (não se pode desejar uma ereção duradoura ou uma lubrificação farta), ficamos ansiosos diante da obrigação de nos sairmos bem. E sentir-se pressionado a ter um bom desempenho sexual só aumentará as dificuldades e a frustração que as pessoas tanto temem. Todos almejam aliviar-se dessa pressão, mas temem não conseguir.

É claro que insistir em diminuir a ansiedade do desempenho buscando desempenhos cada vez mais perfeitos é o pior caminho – mas é o que muitos tomam. Há divertidas superstições em torno dos astros do esporte: Michael Jordan sempre usa um calção da Carolina do Norte sob o uniforme dos Bulls, e Peyton Manning lê toda a programação do estádio antes de cada jogo. Se esses rituais são inofensivos, focar o bom desempenho sexual é prejudicial – na prática, só faz piorar o "desempenho". Imagine se Michael Jordan não se livraria daquele calção se começasse a atrapalhar seus lançamentos à cesta!

Hoje, a indústria da autoajuda, a psicologia, os profissionais de saúde e os workshops de recuperação matrimonial – e certamente a Victoria's Secret –, se esquecem dessa verdade fundamental. Querem dar às pessoas um sexo melhor usando mitos de gênero e incentivos animadores do tipo "você consegue", mas preservando falsos princípios e definições rígidas. Da mesma maneira que construir um prédio sobre alicerces instáveis, esse é um erro que inevitavelmente resultará no "fracasso" sexual que as pessoas tanto temem. Por essa razão, muitos de meus pacientes "fracassaram" com outros terapeutas e outros programas.

E depois puseram a culpa em suas mulheres ou nos seus homens. Ou no sexo. É bom lembrar que culpamos também a pornografia, o estresse, a menopausa, o "você engordou", e aquela imensa lista de e-mails que precisa ser respondida.

Querer resolver as questões emocionais que envolvem o sexo

por meio de um sexo que satisfaça é como querer resolver as necessidades emocionais que transferimos para o esporte tentando ser um bom atleta.

Na infância, meu paciente Juan era péssimo esportista. Ele queria agradar ao pai, um ex-jogador de futebol que o tratava com rigidez. Consequentemente, Juan se esforçava, mas não conseguia jogar bem – e mesmo que jogasse, nunca ficava satisfeito. As necessidades emocionais de Juan – merecer o amor paterno, conviver com pessoas de sua idade – estavam vinculadas ao esporte, mas o esporte não bastava para supri-las.

Em vez de praticar esporte para comunicar ao pai suas questões internas, Juan poderia usar outro veículo (um boa conversa, um hobby comum, o sucesso profissional) – acontece que *Juan era uma criança*. Logicamente, transferiu para o esporte não apenas seu sofrimento, mas a solução de seus problemas.

Hoje, Juan entende que as partidas que disputa nos fins de semana são mera diversão, embora continuem importantes porque o deixam aborrecido quando não vence. Isso porque seu inconsciente ainda está impregnado do componente emocional adquirido na infância.

Você diria ao pequeno Juan que a solução do problema dele com o pai era tornar-se um atleta melhor? Certamente não. E quanto ao Juan adulto? Você o mandaria treinar com mais afinco para ser um atleta superior, ou sugeriria alguma coisa mais sofisticada psicologicamente?

É o que fazem muitas pessoas no que diz respeito à sexualidade. Elas querem resolver um ou outro problema psicológico fazendo um sexo maravilhoso. Mas não é possível. Muitos acham que podem resolver as necessidades emocionais que levam para o sexo fazendo um ótimo sexo. Infelizmente, a maioria dos terapeutas e clínicos profissionais que atuam na mídia também pensa dessa maneira.

Mas estão enganados.

Aliás, você pode até fazer um bom sexo enquanto está focado em outras necessidades emocionais (principalmente se forem inconscientes). É como querer apreciar um concerto ou uma peça, mas acha que todos estão olhando para você porque está malvestido. Da mesma maneira, muitos buscam um sexo maravilhoso, mas não conseguem suprir nem suas necessidades emocionais nem as sexuais. Consequentemente, se decepcionam, ficam zangados e críticos.

Voltemos ao que as pessoas realmente querem do sexo.

A maioria não fala abertamente – ou por falta de vocabulário ou porque se envergonha, hesita ou não sabe como se expressar. (Qual é *sua* razão?) Se todos falassem claramente, objetivamente, o que esperam do sexo, o fariam por meio de uma linguagem mais experimental e menos funcional. Ou seja, em vez de dizerem o que o corpo precisa *fazer*, diriam o que querem *sentir*.

E como querem se sentir antes, durante e depois do sexo? Pela minha experiência clínica, sei que as pessoas querem se sentir...

- À vontade
- Rejuvenescidas
- Belas
- Apaixonadas
- Com todo o tempo do mundo
- Atraentes
- Competentes
- Especiais
- Inovadoras em relação ao sexo
- Encorajadas

É ótimo, não é? O problema é sentir tudo isso *e também ficar relaxado*. Senão, há limites para essas sensações. Quem pode se sentir atraente se tem medo de molhar a cama ou perder a ereção?

Veja o sexo sob outro ângulo

Ou seja, as pessoas fazem sexo querendo sentir o que sentiam na juventude. E por isso dizem coisas sobre sua vida sexual como:

- "Quero ser espontâneo."
- "Não quero me comunicar – só quero fazer e que tudo saia perfeitamente."
- "Por que o sexo deixou de ser natural e ficou muito mais complicado? Que coisa horrível!"
- "Se a gente pensar muito sobre o sexo, o romance e o mistério terminarão."
- "O sexo torna-se mecânico quando falamos muito a respeito dele."

Por um lado, quem ouve essas frases pensa que o erotismo é tão delicado e efêmero que desaparecerá se for explicado ou mencionado. Por outro lado, posso entender que as pessoas sintam-se ansiosas, frustradas e ressentidas. O sexo, que parecia tão fácil quando elas eram jovens, tornou-se agora tão complicado.

A juventude (mais ou menos dos 18 aos 25 anos) é a fase em que muitos ainda estão definindo sua identidade sexual, perguntando-se, por exemplo: Quem sou eu sexualmente falando? Qual é minha relação com a sexualidade? Qual é o papel do sexo na minha vida? O que é satisfação e frustração sexual? Quais são as respostas para essas perguntas?

Quando você é jovem e tem um corpo jovem, é o momento de tomar as grandes decisões em relação ao sexo: Como é sentir desejo? O que os homens pensam das mulheres que gostam de sexo? O controle da natalidade é muito importante? O que é sexo machista? Sexo oral também é sexo? Respondendo a centenas de perguntas como essas – quando o corpo ainda é jovem e o estilo de vida também – você encontrará sua identidade sexual e aprenderá a ser sensual.

É lógico que à medida que o corpo e a vida se transformam, a visão do sexo também muda. Afinal, a tendência é sua visão de mundo e de si mesmo mudar diante de coisas importantes como trabalho, alimentação, família e saúde. Mas muita gente, iludida pela mídia, pela indústria da moda, pelos psicólogos "virtuais" e outros modismos, jamais muda a maneira de ver o sexo ao longo de toda a vida – isso sim é problemático.

Muitos pacientes meus têm dificuldade de conciliar a maneira como viam o sexo 20 ou 30 anos atrás, com um corpo e um estilo de vida que hoje estão muito diferentes. Em vez de reavaliar e reformular o conceito, eles preferem pensar que alguma coisa está errada neles ou nos respectivos parceiros, e esperam que eu os conserte.

Não faltam terapeutas (nem comerciais de remédios e cosméticos na TV) afirmando que as pessoas têm "disfunções". Mas preservar uma concepção de sexo de 15 anos atrás (e utilizá-la mal!) não é "disfunção", é um erro que se perpetua psicológica e culturalmente.

Eu prefiro mostrar aos meus pacientes qual é a visão que eles têm do sexo – os estereótipos de gênero, os mitos sobre intercurso e orgasmo, a inevitável solidão do ato sexual. Eu os ajudo a reconhecer que é uma visão obsoleta e os oriento a formular uma nova visão. Aqui entra a Inteligência Sexual. Trabalharemos a mágoa, a tristeza, a raiva e o desespero por ter de abandonar nossos antigos sonhos sexuais e criaremos novos sonhos mais realistas.

Pessoas que já não são jovens geralmente buscam uma vida sexual semelhante à que tinham na juventude – ou que queriam ter ou acham que tinham. É o que a indústria da autoajuda costuma vender: o sexo como ele era na juventude. (Existe um livro absurdo cujo título é mais ou menos *Faça sexo como na primeira vez... Não importa há quanto tempo vocês se conhecem,* escrito por dois autores sem nenhuma credencial. Esse título deve vender como água. Assim como um filme de Jennifer Aniston.)

Mas não é real. Não pode ser.

Não, o sexo que você faz hoje jamais será o mesmo de sua juventude – quando dizemos "quando eu era jovem" nos referimos a uma energia física infinita, a um desejo movido a hormônios, a ter todo o tempo do mundo, a ser impulsivo, permissivo e inconsequente, e a ter um parceiro igualmente jovem, com os hormônios à flor da pele. O sexo não será mais assim de jeito nenhum.

A menos que você tenha uma lista interminável de novos parceiros ou viva tão perigosamente que sua adrenalina não pare de ser bombeada. Mas não é assim que os adultos gostam de viver.

Sinto muito dar essa notícia de uma maneira tão direta. O psicólogo Irvin Yalom, que não hesitava em provocar seus pacientes para que eles enxergassem a si próprios e a seus parceiros objetivamente, ficou conhecido como o *Carrasco do amor* (o título de seu livro clássico, de 1989). Às vezes, meus pacientes me dão nomes similares: "Carrasco da juventude" ou "O inflexível". Mas, em geral, me agradecem por dizer a verdade, embora detestem ouvi-la.

Dito isso, o sexo pode ser profundamente satisfatório – agradável, divertido e íntimo –, se quiser. No entanto, terá de reformular seu conceito de satisfação. Você precisa ou deve querer outras coisas, ou redefinir o que ainda quer.

Você pode, por exemplo, sentir-se bonito, jovem, competente, despreocupado e à vontade durante o sexo. Só o que tem a fazer é abrir um espaço nessa sua definição de corpos imperfeitos e "função" imperfeita (diferentes de como eram na sua juventude). Se suas costas doem, vá mais devagar, em vez de se esforçar muito e se machucar ainda mais. Se você costuma molhar a cama, ponha uma toalha por baixo e pare de se preocupar com o que ainda não aconteceu. Se você gosta de ser beijado, peça beijos ao parceiro (e beije também), em vez de só ficar querendo. Se receber tapas for mais excitante do que ser beijado, peça isso.

Se o novo remédio deixa sua boca seca, deixe um copo com água na mesa de cabeceira e beba durante a relação. Idem para o creme lubrificante. Se seus seios relaxaram com o tempo, aceite – de uma vez por todas, porque eles nunca mais voltarão a ser como eram. Pare de se preocupar, e os seios deixarão de ser um obstáculo para um sexo satisfatório.

Falaremos sobre como adquirir uma nova visão sexual na Parte 3.

Então fiquemos assim: Inteligência Sexual é trabalhar diretamente com a sexualidade sem se esconder, sem negar, sem atribuir responsabilidades. Fale à vontade. Não desperdice sua energia fingindo que o sexo que você faz é diferente do que é.

Alguns anos atrás, ministrei um seminário sobre sexualidade a alunos de psicoterapia em uma universidade do sul. Notei que alguns não estavam entendendo minhas colocações, então dei o seguinte exemplo: O bom anfitrião convida um amigo para jantar em sua casa, mas antes pergunta: "Há alguma coisa que você não coma?" O bom hóspede informa que é alérgico a frutos do mar, que não gosta de almôndegas ou qualquer outra coisa. O anfitrião faz o que o hóspede gosta para que nem ele nem o cozinheiro se sintam desapontados e envergonhados.

Um dos alunos fez uma brincadeira com a analogia. "Se eu convidar você para jantar, não perguntarei nada. Farei o que quero e você comerá se quiser!" Bem, não quero generalizar injustamente, mas não gostaria de ir à casa desse jovem para jantar. E você?

Um meio e não um fim

Como a grande maioria, você deve acreditar que um sexo agradável requer que seu pênis ou sua vulva faça vários truques que faziam (ou talvez fizessem) quando você era jovem. Mas lembre-se de que *a função sexual é um meio para alcançar um fim, não o fim em si mesmo.* As pessoas citam a ereção, a lubrificação e o orgasmo como se fossem o que há de mais importante no sexo. Mas essa visão do sexo é uma via muito limitada.

É claro que se uma de suas principais metas no sexo for "não inventar demais", posso entender por que você tem esse foco. Se você acredita que, se seu corpo fizer o que está acostumado (ou nunca fez, mas "deveria" fazer) é o que vai constituir um sexo "benfeito", é claro que se aterá a essas habilidades específicas. Mas, diferentemente de muitos terapeutas, eu não reforço a fixação no funcionamento que as pessoas acreditam levar ao sucesso sexual – eu trato essa fixação como *um problema.*

Então, o ponto-chave da Inteligência Sexual é reconhecer que seu corpo não terá mais o sexo que tinha quando você era jovem. Alguns não aceitam isso; preferem ser infelizes e alimentar a esperança de reconquistar (ou recriar) o sexo da juventude, em vez de se transformar internamente e descobrir os prazeres de um novo sexo. Afinal, muita gente prefere ter e manter um problema temporário do que aceitar um problema permanente.

Rejeitar esse reconhecimento faz parte de um projeto mais amplo (e, em geral, inconsciente) de negar a própria idade e a proximidade da morte. Isso acontece com pessoas de 30 ou de

60 anos de idade. Quem tem esse projeto tem um problema muito maior que o sexo para resolver. É um problema existencial e o mais grave que existe.

Eu simpatizo muito com o desejo de se apaixonar. Como veremos ao longo deste livro, a paixão é possível, mas provavelmente será diferente do que você imagina que seja. Quando os adultos se apaixonam, em geral não são movidos por um sexo sensacional ou um corpo perfeito, mas pela possibilidade de uma entrega emocional. Falaremos mais sobre isso também.

Existe outra preocupação, a de ser sexualmente autêntico e relaxado. É uma distração terrível que inibe as pessoas antes, durante e depois do sexo. Reconheça seu desejo de ser sexualmente normal e a suspeita (ou a ansiedade insuportável) de que não é. No próximo capítulo, examinaremos em detalhes a ansiedade normal.

CAPÍTULO 2

Eu sou normal?
Por que focar no sexo normal enfraquece o sexo?

Thomas e Danni, ambos com 45 anos de idade – ele, um contador; ela, professora universitária –, tinham tudo o que os casais almejam, menos sexo.

Por esse motivo me procuraram. "Nós nos amamos, mas nenhum de nós toma a iniciativa para o sexo", ele revelou. E ela acrescentou: "É, e quando fazemos sexo é tenso, ficamos nervosos, terminamos rápido. Não é como deveria ser".

E eu disse a mim mesmo: está explicado por que nenhum dos dois toma a iniciativa. O amor não leva um casal para a cama se o sexo os deixar nervosos.

Thomas e Danni aproveitam bem o pouco tempo que passam juntos (ela trabalha aos sábados e duas noites por semana; ele trabalha em período integral de segunda a sexta), mas a ausência de sexo paira sobre a vida deles como uma nuvem negra. Perguntei a cada um por que não tomavam a iniciativa, e as respostas foram similares: "Porque somos ansiosos", disse Danni. "Porque estamos cansados", disse Thomas. "Porque não temos esse hábito", disse Danni. "Porque trabalhamos tanto que na hora da cama só queremos dormir", disse Thomas.

"Perceberam quantas vezes vocês disseram 'nós' e nunca 'eu'?", perguntei. "Vamos tentar de novo. Cada um vai me dizer por que *eu* não tomo a iniciativa para o sexo." Após um silêncio tenso, Thomas começou timidamente: "Tenho medo de não ter uma boa ereção; e se tiver, que ela seja tão rápida que a Danni se sinta frustrada. Também tenho medo de fazer muito barulho, me descontrolar e a Danni se assustar".

Enfim, estávamos chegando a algum lugar.

"E você, Danni?"

"É verdade que ele se preocupa com essas coisas", ela disse. "Não gosto de vê-lo preocupado, por isso não me animo a fazer amor. E ele se esforça tanto para me agradar quando fazemos sexo que eu me sinto constrangida."

"Se Thomas não se esforçasse tanto, você estaria mais disposta a tomar a iniciativa para o sexo?". Aprendi que perguntar se as pessoas estão dispostas a *tomar a iniciativa* para o sexo, em vez de se estão dispostas a *fazer* sexo, me fornece mais informações.

"Eu acho que sim...", ela começou timidamente. "Nem sempre tenho orgasmo, e não quero aborrecê-lo por isso. É o que penso antes de fazer sexo. Então, se estou cansada ou se por qualquer razão sei que não vou gozar, ou que vou levar muito tempo para gozar, prefiro nem tomar a iniciativa." E por fim ela confessa: "Ele merece uma parceira sexual muito melhor do que eu!"

Havia muita coisa aí para ser trabalhada. Ainda bem que o seguro-saúde deles cobria as nossas sessões, porque seriam muitas.

Thomas e Danni me lembravam o casal do conto de O. Henry, "The Gift of the Magi" ("O presente dos reis magos"). Um jovem casal que se amava, mas era muito pobre, queria trocar presentes de Natal. Ela corta e vende seu lindo cabelo para comprar uma corrente para o relógio de que ele gostava tanto; ele vende seu adorado relógio para comprar um lindo pente para os cabelos dela. É claro que os presentes foram inúteis, mas eles se amaram ainda mais.

Thomas e Danni tinham se afastado do sexo porque não queriam se decepcionar mutuamente. E temiam a decepção porque, para eles, o sexo tinha de ser "normal". Se em vez de desejar um sexo normal eles buscassem um sexo íntimo, mais prazeroso, seria mais fácil ter relações sexuais mais prazerosas e até regulares, apesar da falta de tempo.

Foi o que eu disse a eles:

"Se vocês estão procurando o sexo perfeito, se sentirão intimidados encontrando ou não. O objetivo de vocês terá de ser outro. Em vez de criarem um novo sexo, por que vocês não fazem amor da mesma maneira que fazem as outras coisas? Da mesma maneira que encaram tudo o que costumam fazer juntos: projetos domésticos, jantar fora, ir ao cinema."

Rapidamente, eles pronunciaram meia dúzia de palavras: cooperação, diversão, respeito, amizade, habilidade e relaxamento. "E às vezes, também, preguiça", Thomas acrescentou, rindo.

"Excelente", eu disse. "Nem todos os casais pensam assim. Mas vocês pensam; então por que não fazem amor como fazem todo o resto?". Uma ideia tão simples e tão eficaz!

É claro que eles fizeram algumas objeções a minha sugestão. E se, quando fossem para a cama, fossem "como são" e nada acontecesse? E se um se mostrasse mais egoísta? Ou quisesse fazer "coisas feias"? E se o outro não ficasse satisfeito?

Assim são as pessoas que defendem paradigmas que estão prestes a se tornarem obsoletos.

"Em primeiro lugar", expliquei, "nenhum dos dois se revelará muito diferente do que o outro já conhece. Ninguém agirá como um egoísta sexual porque ninguém tem essa característica. E ninguém apresentará nenhum 'desvio' sexual porque nenhum de vocês é uma pessoa de extremos. E mesmo que fossem, estariam se reprimindo por meio do sexo. E por isso o sexo acabou se tornando um aborrecimento". Eles se entreolharam carinhosamente.

"Em segundo lugar", continuei, "é *claro* que acontecerão coisas inesperadas na relação sexual se cada um é o que é. Algumas vezes vocês não vão querer as mesmas coisas, em outras, um terá mais energia ou mais desejo que o outro, e talvez nem aconteça nada – um estará mais preguiçoso e vai querer que o outro faça todo o trabalho". Eles riram. "*Todos nós* sabemos o que é isso."

"Quando a gente é o que é, o inesperado pode acontecer e o sexo se tornar muito mais interessante – e isso é muito importante nos relacionamentos longos. Estou afirmando que o sexo é periodicamente desafiador e pode ser um veículo para o crescimento pessoal. Mas também é um meio seguro, desde que confiamos na pessoa com quem fazemos sexo."

Eles me pareceram convencidos. Nas semanas seguintes, relataram um aumento na frequência das relações sexuais – mais relaxadas e mais prazerosas. "É como se eu fizesse amor com uma amiga muito querida", disse Thomas. "Eu também", disse Danni, "o sexo está muito mais divertido e relaxado, e não um poço de preocupações".

Perfeito. A visão deles estava mudando e o sexo passou a dar muito menos trabalho. E por se sentirem mais atraentes e desejáveis, faziam sexo com mais frequência. E o que é mais importante, com muito mais prazer.

* * *

O que é ser sexualmente "normal"?

É normal os adultos fazerem sexo principalmente quando estão cansados.

É o que determina a qualidade, o conteúdo e a frequência da experiência. Muitos reservam o "horário nobre" para fazer o que acham mais importante (cuidar dos filhos, fazer serão, cuidar da saúde, resolver problemas) ou mais agradável (assistir à TV, jantar fora, praticar hobbies, navegar nas redes sociais.

Um dos aspectos do "sexo normal" que as pessoas *não* aceitam é ser pouco energético. Mas muitos adultos não levam em conta que a maior parte da vida sexual acontece inevitavelmente quando eles não estão em sua melhor forma e que as consequências disso são um sexo rotineiro, que não exige muito tempo, não tem qualidade lúdica e é muito trabalhoso usar anticoncepcional e lubrificante.

Se você pensa que o "normal" é o que há de mais comum, mais típico e o mais aceito porque "é assim que as coisas são", seu "sexo normal" será assim:

- Vergonha e constrangimento frequentes.
- Comunicação limitada.
- Parceiros que não riem nem sorriem.
- Um ou ambos têm preocupação obsessiva com o desempenho.
- Um ou ambos tolera o que não gosta e não vê a hora que termine.
- A masturbação é secreta.
- Não usa contraceptivos porque tem vergonha.
- Requer um ambiente perfeito.
- Chega a doer fisicamente.
- Ele acredita que "o problema de orgasmo dela é culpa minha".
- Ela acredita que "o problema de ereção dele é culpa minha".

Além disso, sejam jovens ou adultos, gays ou héteros, homens ou mulheres, quando os ocidentais fazem sexo, é comum:

- Sentir vergonha e não gostar do próprio corpo.
- Não se sentir tão próximo do parceiro quanto gostaria.

- Não acreditar que vá gostar (por isso não faz sexo com mais frequência).
- Preocupar-se com o desempenho – o seu ou o do parceiro.
- Ter vergonha de dizer o que quer e não quer, o que gosta e não gosta.

Os problemas de saúde também são frequentes no sexo "normal" – porque pessoas normais têm problemas de saúde.

E então, você já está começando a se sentir normal? Está percebendo que talvez não seja a melhor opção?

Espero que algumas coisas comecem a mudar para você – e não será melhorando sua "função sexual". Este livro não é um Viagra literário. Eu diria que é mais uma cirurgia cerebral literária (sinto muito, não é nem lipoaspiração nem mamoplastia nem implante de cabelos, é uma cirurgia cerebral mesmo!).

O desconforto e o isolamento emocional são o que a maioria das pessoas sente quando faz sexo "normal". E por isso é tão importante a maneira como você vê o sexo.

Passaremos o resto deste capítulo explorando por que não se deve ser sexualmente "normal" e por que querer um sexo "normal" é tão destrutivo.

É claro que para a maioria das pessoas o sexo "normal" não corresponde à realidade que acabei de descrever, mas é uma visão romântica do desempenho perfeito, do ambiente perfeito, de nada que seja diferente e psicologicamente arriscado. A única coisa normal nesse tipo de sexo é o fato de que muitos o desejam e poucos têm. (E todo terapeuta sabe que quem faz esse tipo de sexo nem sempre está satisfeito.)

Então, se como tanta gente você também estiver procurando a coisa errada (o sexo "normal"), terá de buscar uma nova maneira de pensar sobre o sexo. Embora para muitos o mais lógico seria reorientar o desempenho (quantas vezes por semana, quantos minutos antes do orgasmo); este é apenas um aspecto do sexo. E precisamente o mais errado.

Ansiedade da normalidade

Ninguém quer ser sexualmente "anormal".

Por isso, tanta gente esconde seus aspectos sexuais que consideram anormais. E focam no que acham que é normal, mesmo que não seja interessante. Mais cedo ou mais tarde, a autocensura e o falso moralismo criarão problemas – por causa do isolamento, da ansiedade, da autocrítica e do desinteresse.

Não importa o quê, especificamente, você considera sexualmente normal ou anormal. Se é isso que o preocupa, se é o que determina seu comportamento, suas fantasias, se é o que você transmite ao seu parceiro, certamente o prazer e a intimidade sexual do casal ficarão comprometidos.

Vamos tirar você daí. E não será tentando convencê-lo de que você é sexualmente "normal", mas a não dar tanta importância à "normalidade".

Os dois lados do sexo "normal"

Para o homem ocidental, o sexo "normal" tem dois componentes: um mais prático e outro "moral", menos tangível.

O aspecto prático do sexo normal

O sexo "normal" é definido pela atividade do corpo, particularmente dos genitais (pênis, vagina e vulva) e da boca.

Médicos, terapeutas e fabricantes de remédios usam uma linguagem que reforça esse aspecto. Os anúncios falam em "função" e "disfunção". Os clínicos dizem o que é normal e o que é patológico. Nós falamos "sexo" quando nos referimos ao intercurso. E falamos "intimidade" e "romance" quando nos referimos ao sexo.

O lado físico do sexo dito normal é a trajetória do desejo para a ereção, a excitação e o orgasmo. Esse modelo desenvolvido por Masters e Johnson nos anos 1960 será examinado melhor no Capítulo 4. As pessoas têm esse modelo inconscientemente quando usam o termo *preliminares* para se referirem "ao que se faz antes da cópula – isto é, do intercurso".

Os ocidentais dividem as atividades sexuais em preliminares e intercurso ("sexo real"); qualquer outra coisa é considerada promiscuidade, descompromisso – pura perversão. A ideia convencional é que toda atividade sexual deva culminar no ato sexual – é onde geralmente se chega quando as preliminares são beijos e carícias. Não é normal um casal ficar só nas preliminares se puder fazer "sexo real".

Existe um pequeno grupo de atividades sexuais que carrega um consenso positivo de "normalidade". O ato sexual e o "beijo de língua" (e *apenas* isso) são amplamente aceitos entre os ocidentais. O sexo oral já é considerado normal pela maioria dos adultos (mas não todos), seguido pela manipulação genital do parceiro. Desde as últimas décadas, o uso do vibrador de vulva pendeu fortemente para a normalidade (especialmente entre os jovens mais bem informados), mas não tanto o vibrador de pênis e o vibrador de ânus. Na verdade, qualquer coisa relacionada ao ânus é desqualificada. As fantasias e os fetiches sadomasoquistas são considerados "normais" por poucos, mas a maioria nem considera "sensual". Há, portanto, um consenso de "normalidade" também sobre essas atividades: são normais.

Para praticar sexo normal, certas partes do corpo devem se comportar "normalmente" – ereção estimulada, farta lubrificação vaginal estimulada e outros. Qualquer profissional de saúde sabe que nossa genitália é especialmente suscetível a muitas outras influências, como emoções, estresse, bebida alcoólica, doenças, fadiga e até mesmo relacionamentos longos. Nessas situações, algumas partes do corpo podem não reagir da maneira esperada; e, por incrível que pareça, muita gente não aceita isso.

E é por essa razão que grande parte do meu trabalho é feito com pessoas cujo corpo não reage "normalmente" a circunstâncias consideradas normais; eu procuro convencê-las a abandonar esse modelo destrutivo e tão difícil de ser aplicado na vida real. Talvez você esteja lendo este livro porque conhece a sensação de que seu corpo pode "falhar".

Também é interessante que, se algumas pessoas acham normal tomar Viagra para resolver problemas de ereção, pela mesma razão outras poderão achar anormal usar um pênis artificial preso à cintura. De modo similar, muitos acham normal uma mulher usar hormônios na menopausa para aumentar a lubrificação vaginal; e outros consideram anormal usar pornografia e fantasias para o mesmo fim.

O aspecto moral do sexo normal

Quando você ultrapassa as barreiras de como os corpos devem se comportar e quais atividades devem ser valorizadas durante o sexo, é muito mais difícil identificar o que contribui para o sexo "normal". As fantasias podem entrar no sexo "normal"? E quanto aos jogos eróticos? E os acessórios? Que experiências devem ser valorizadas? E quanto às preferências – digamos, preferir se masturbar a ter um parceiro sexual, ou fazer sexo oral em vez do intercurso? Por mais que muitos digam que *não é* normal, ninguém pode dizer por que ou que regras foram usadas para determinar se uma coisa é normal ou não.

Às vezes, nem os próprios parceiros concordam nesse ponto. Dá para imaginar o problema criado se um parceiro diz ao outro: "O que você quer fazer comigo na cama não é normal". É muito pior do que dizer "não, não quero".

Então, uma forma de resolver essa questão é perguntar: Qual é o oposto do sexo "normal"?

Quando faço essa pergunta aos meus pacientes, tanto homens quanto mulheres usam adjetivos como *sujo, perverso, perigoso, violento, imoral, descontrolado, incomum, hedonista*. Às vezes, também ouço *satânico*, o que nos levaria a uma discussão interessante.

Em geral, as pessoas têm uma ideia intuitiva do que é e do que não é sexualmente normal. E a menos que elas estejam se referindo ao que é "estatisticamente comum", é quase impossível ter uma definição objetiva do que *entendemos* por sexualmente normal. Até os psicólogos e terapeutas divergem a esse respeito.

Diante disso, é muito interessante que a maioria das descrições de sexo normal e anormal esteja focada em duas questões – controle e corrupção.

Mesmo quando um casal tem padrões discordantes – Joe acha que usar venda e algemas é normal, mas usar chicote não é, e a namorada dele acha "tudo isso uma indecência" –, eles estão expressando os mesmos conceitos de limite e contaminação.

"Normal" é estabelecer limites para que o sexo não fuja ao controle, tome conta e ofenda o outro. "Normal" é diminuir a importância do sexo para que não se transforme em uma ameaça nem exija de nós um amadurecimento. "Normal" é reconhecer que o erotismo reside no inconsciente como uma lixeira aberta.

Por exemplo, o que você faz quando descobre que gosta de uma coisa que considera sexualmente anormal? Muda sua maneira de pensar sobre sexo ou sobre si mesmo? Ou daria muita risada e deixaria para lá?

Eu sou normal?

Vejo isso acontecer em meu consultório o tempo todo. Por exemplo, Arthur descobriu durante uma masturbação que ficava muito mais excitado quando acariciava seu períneo (a superfície entre o ânus e o escroto). Mas achou que era "coisa de gay" e nunca mais fez. E Serena não gostava que lhe apertassem demais os seios, mas quando ficava excitada, queria que os bicos fossem mordidos e puxados. Só assim ela tinha orgasmo, até o parceiro achar "a coisa mais estranha!" E ela acreditar.

Arthur e Serena vieram buscar terapia de casal, cada um com seus segredos sexuais. E apesar de estarem juntos há três anos, nunca tinham revelado um ao outro seus padrões de excitação e se mantinham distantes das estimulações consideradas anormais. Falar sobre isso os apavorava – mas foi libertador. Eles aprenderam muito mais sobre o outro – e sobre si mesmo – do que poderiam imaginar.

A obsessão que sentimos pelo "normal" é uma tentativa de manter-se limpo fazendo algo potencialmente sujo.

Porque o sexo está relacionado aos fluidos corporais, porque está ligado aos órgãos excretores (diretamente ou próximo a eles), porque está relacionado aos mistérios da gravidez e à concepção, porque é uma tremenda complicação, porque nos afasta das regras da normalidade, da respeitabilidade e da repressão física, o sexo é visto geralmente como algo com o qual as pessoas só podem se envolver com certo distanciamento psíquico.

É normal cheirar as roupas íntimas do parceiro? Ou pedir que ele use as mesmas roupas por vários dias e depois cheirá-las? Ou fazer sexo oral durante a menstruação? Ou engolir sêmen? Ou *gostar de* engolir sêmen? Ou trocar beijos de língua quando você acorda com hálito de dragão?

Tanto faz se uma determinada atividade é normal ou não. O que importa é o conceito de sexo "normal". Se existem coisas normais, existirão, por definição, outras que são anormais. E se você não quer se ver como alguém sexualmente anormal, terá de exercer vigilância eterna. Mas ninguém consegue sentir prazer no sexo em um regime tão opressivo.

Normas culturais

A concepção que o homem ocidental tem de sexualmente normal mudou muito nos últimos 60 anos.

Em 1948, causou escândalo a pesquisa feita pelo dr. Albert Kinsey demonstrando que muitos casais praticavam sexo oral. Nenhum conselheiro matrimonial incentivava essa prática.

Nos Estados Unidos, até 1965 era ilegal usar anticoncepcionais (o caso Griswold, em Connecticut), até 1972 os solteiros eram proibidos de usar anticoncepcionais (o caso Baird, em Eisentadt), e até 1967 era proibido fazer sexo com alguém de outra etnia (o caso Loving, na Virginia). E o sexo anal (sodomia) só foi descriminalizado em 2003 (o caso Lawrence no Texas). São muitas mudanças em muito pouco tempo.

A concepção do que é sexualmente normal também difere de um país para o outro. Na China, por exemplo, os adultos não se beijam em público e são censurados se ficarem de mãos dadas. Na Europa, adultos e crianças ficam nus ou sem sutiã na praia (os europeus não consideram a exposição dos seios um ato sensual, mas os americanos, sim). A clitoridectomia (a mutilação do órgão genital feminino) é praticada pelos muçulmanos em milhões de meninas no Norte da África, no Oriente Médio e no Sudeste da Ásia; no Ocidente essa prática é considerada crime, além de uma violência contra a criança. O sexo antes do casamento não só é admitido como é considerado normal na Holanda e na Escandinávia – perder a virgindade é um assunto discutido livremente em família.

O tempo todo, cada novidade tecnológica que surge levanta questões sobre a normalidade sexual. Eis alguns exemplos:

- *Os videocassetes*: entre 1980 e 1990, dois terços das residências norte-americanas possuíam videocassete. Esse crescimento fenomenal do interesse do consumidor deveu-se em grande parte à oportunidade de poder assistir pornografia privadamente. Mas assistir pornografia é considerado "normal"? E que tipo de pornografia? O marido deve assistir escondido da esposa? Ou convidá-la para verem juntos? E ela, deve aceitar?

- *A internet*: quando a banda larga se popularizou, milhões de pessoas imediatamente passaram a ter acesso aos "relacionamentos virtuais", pessoalmente ou por meio de pseudônimos. Vida dupla, salas de bate-papo, mensagens instantâneas, sexo por telefone, pedofilia, troca de gênero, assumir personagens – a oferta é praticamente infinita. De repente as pessoas estão entrando em contato com subculturas, concepções e comportamentos sexuais que até pouco tempo atrás eram completamente invisíveis. E hoje se perguntam: É normal, obsceno ou doentio que um adulto tente se passar por um adolescente, um milionário, um espião, alguém do sexo oposto? Quantas horas por semana (ou por dia!) é normal usar a internet para esse fim? Um bate-papo sexual com um estranho é considerado infidelidade, sinal de insegurança, uma nova fronteira do erotismo? Ou talvez os três? A polícia quer proibir as pessoas de mentir sobre a idade na internet para combater o molestamento de crianças. Embora os dados não sejam suficientes para justificar o pedido, nos Estados Unidos, os governos estadual e federal gastam grande parte dos impostos arrecadados para vigiar e rastrear os interessados em mentir a idade para outros adultos.

- *Telefone celular/sexting*: a grande maioria dos adolescentes tem telefone celular, e milhões deles praticam sexting – enviam ou recebem fotos sexualmente explícitas, suas e dos colegas. A polícia quer reprimir essa atividade por ser tremendamente perigosa, aplicando penalidades pesadas – prisão por delito grave e fichamento por agressão sexual. Os pais não sabem como agir. Em geral, concordam que é prejudicial aos filhos, mas acham menos perigoso – e menos merecedor de um castigo draconiano – do que os legisladores e a polícia.

Em todos esses casos, a pergunta "o que é normal sexualmente?" ganha novo interesse social, político e econômico. Ainda não existe um consenso formado, o que só demonstra que o que quer que passemos a considerar sexualmente "normal" não é inevitável nem "natural", mas negociado culturalmente.

Há dez anos, quem poderia imaginar que as atividades abaixo seriam consideradas comuns ("normais") como são hoje?

- Espancar, usar vendas e algemas
- Usar vibradores (à venda em lojas como a Amazon.com, por exemplo)
- Frequentar clubes de suingue
- Assistir à pornografia on-line
- Quartos de motel com pornografia pela TV
- O uso de linguagem vulgar na HBO e na TV a cabo em geral

Quando você se dá conta de que o que pensa saber sobre sexo "normal" é apenas uma dentre as muitas concepções que existem, um novo mundo de erotismo se descortina a sua frente. Um mundo sexual que está além da autocrítica e da ansiedade está além também do orgasmo, do sucesso e do fracasso. E é aqui que o relaxamento, o prazer e a intimidade sexual podem encontrar seu lugar.

Por que focar na normalidade é problemático?

Na prática, a ansiedade de ser sexualmente normal provoca isolamento emocional. É por isso que muitos se sentem infinitamente solitários quando fazem amor. O isolamento emocional destrói o desejo sexual e o prazer genuínos.

Focar a sexualidade "normal" pode transformar o sexo em um negócio de alto risco. Em qualquer momento, nossas preferências, fantasias e inibições nos expõem como inaceitáveis – para nós mesmos e para o parceiro. Ser "normal" (que é o mesmo que não ser anormal) passa a ser mais importante que o prazer e a intimidade. Por medo de sermos julgados, não fazemos o que gostaríamos (pedir à parceira que morda seus mamilos), mas fazemos o que não faríamos (transar quando não queremos), se é o que fazem as pessoas normais.

Então, a necessidade de ser sexualmente normal aliada à ansiedade de não ser sexualmente normal não nos permite revelar nossos segredos sexuais ao parceiro. Como se para ser autêntico eu tivesse que trapacear o tempo todo.

O prazer e a intimidade não podem florescer em um ambiente onde não ter ereção é considerado uma tragédia. Onde a dificuldade de chegar ao clímax pode gerar uma crise conjugal. E onde soltar gases ou molhar a cama é um desastre total.

E não só para quem faz, mas para o parceiro também. Porque

muitos estão focados não só na própria "função", mas também na do parceiro – assumindo para si a função dele. Essas pessoas julgam a ereção e o orgasmo do parceiro porque não querem ser consideradas um fracasso – "maus amantes". Mas como alguém pode relaxar com um parceiro que está examinando sua resposta sexual – não com atenção e carinho, mas procurando sinais de que você falhou?

* * *

Jedd era um sujeito de aparência rude, um eletricista cujas mãos eram a prova de anos e anos de trabalho duro. Ele entrou e logo me disse três coisas: vinha de uma família italiana pobre do Brooklyn, amava sua esposa Martina e estava usando calcinha. As três informações eram igualmente importantes. Dá para imaginar por que Martina e ele andavam brigando?

Tinha começado alguns anos antes com as calcinhas dela. Quando ela descobriu ("Minhas calcinhas ficavam cada vez mais frouxas e eu não entendia por quê. Então descobri."), ele comprou um livro sobre o assunto e os dois conversaram longamente. Ele garantiu que não era gay. "Eu acreditei e continuo acreditando", ela garantiu.

Como todos os homens heterossexuais que usam roupas íntimas femininas, o prazer dele era sentir as roupas na pele. Isso o ajudava a relaxar. Mas ele não queria só manter seu pequeno hobby. Queria discuti-lo com Martina. "Constantemente", disse Martina, "o tempo todo ele quer saber se estou entendendo. Se eu sei que ele não é doente. Se eu estou bem, se não estou escondendo nada. Falamos nisso todos os dias".

"Viu só? Ela não gosta!", ele declarou, triunfante.

Martina falou para mim:

"Não me incomoda que ele use minhas calcinhas ou minhas

meias. Não me incomoda que ele compre as calcinhas e guarde em sua gaveta. Mas gostaria que ele mudasse de assunto. Gostaria de passar uma semana sem ter de falar nisso. Gostaria de ter meu marido de volta!"

"Doutor, ela me acha estranho. Diga a ela que não sou."

Antes que eu dissesse qualquer coisa, Martina se adiantou.

"É óbvio que você é muito estranho! Mas e daí? Você não é perfeito, Jedd, e para ser franca, tem outras coisas que me aborrecem muito mais."

"Nós não vamos conseguir retomar nossa vida sexual se você não me aceitar como sou."

Martina me olhou desanimada.

"Lá no Brooklyn, a gente sabe que a única coisa a fazer com uma pessoa tão teimosa é acabar com ela", ela riu.

"Jedd, o que você sente quando veste uma calcinha?", perguntei.

"Qual é o problema?", ele me desafiou.

"Jedd, eu sou terapeuta sexual. Você não é o primeiro que conheço que usa calcinha. Só quero saber o que você sente quando veste."

"Não há nada de errado", ele insistiu em voz baixa, com lágrimas nos olhos. Repetia a mesma coisa havia muitos anos – para si mesmo, para sua mulher –, mas não acreditava realmente. Ele se envergonhava de usar e se envergonhava de gostar.

"Acho difícil querer que Martina o aceite se nem você consegue se aceitar", eu disse delicadamente. "Você sabe que ela não gosta de tocar nesse assunto diariamente, e não é porque você gosta de usar calcinha, não é?" Ele assentiu. "E talvez se *você* aceitasse só um pouquinho, não teria de falar tanto sobre isso." Ele assentiu novamente.

Na verdade, o interesse de Jedd por roupas íntimas femininas não incomodava a nenhum dos dois. Ele queria entender por que gostava tanto, e ela queria entender por que ele queria tanto falar sobre isso, ora pedindo, ora implorando sua aceitação.

"Jedd, insistir nesse assunto está deixando Martina louca", expliquei. "Mas isso não quer dizer que ela esteja rejeitando você. Qualquer assunto se torna aborrecido quando é muito insistente, seja lasanha, futebol ou Jedd gostar de usar calcinhas. E se você precisa tanto conversar é porque está perturbado, não é?"

Sim, ele estava perturbado e queria conversar. "Por que não conversa com um amigo, com o irmão de Martina, com um padre?", arrisquei.

"De jeito nenhum!", ele riu.

"Então, talvez você devesse procurar seu terapeuta particular."

"Não preciso que ninguém me diga que estou louco."

"Mas precisa de alguém para conversar, não é?" Eu o aconselhei a procurar um amigo. "Quando encontrar essa pessoa, quero que pare de procurar Martina para conversar – ao menos por um tempo, tudo bem?"

Martina adorou o conselho e lembrou: "Mas podemos conversar sobre outras coisas como sempre fizemos".

"E quando você aceitar que gosta de usar calcinha, vai relaxar e procurar Martina para fazer amor", eu disse.

"É isso aí", decretou o valentão do Brooklyn. "Eu sei que sou um peso para ela. E quero voltar a ser o homem dela."

Mentiras, malditas mentiras, e estatísticas

Ao longo da semana, casais em conflito querem saber o que é sexo normal. Fazer sexo uma vez por mês no primeiro ano de casamento é normal? É normal se excitar dando tapas ou sendo estapeado? Quanto tempo deve durar um intercurso até o homem ejacular? É normal desejar sexo oral durante a menstruação? É normal se excitar com conversas obscenas?

Algumas vezes, os pacientes se voltam para si. Outras vezes, criticam o parceiro e disparam artilharia pesada do tipo "você não é normal. *Eu sou*".

Todos os anos, às vésperas do Dia dos Namorados, saem as mesmas matérias nas revistas populares. E apesar de saber de cor as estatísticas atualizadas – quantas vezes por mês, quantos centímetros, quantos minutos –, geralmente não as menciono nem em conversas com meus pacientes nem no *USA Today* (o jornal distribuído gratuitamente nos hotéis para o qual contribuo). Eu tenho certeza de que as pessoas se deixam impressionar por esses números e que viveriam muito melhor sem eles.

Mas ninguém se satisfaz com essa resposta.

Esqueça quantas vezes você faz sexo por mês, com que frequência você se masturba ou quanto tempo em média leva para atingir o clímax. Números não significam nada. Mas reconhecer que você não ri mais quando faz sexo, que tem vergonha de usar lubrificante e que não consegue dizer ao parceiro "não, aí não, aqui", é muito, muito mais importante.

Porque é essa sua experiência. E sexo é experiência, não números. O que realmente importa no sexo não é o que você pode medir, mas o que você *sente*, que é muito mais difícil explorar, entender, medir e determinar. E como outro problema qualquer, se você estiver tentando consertar a coisa errada, o que você fizer não terá a menor importância.

É por isso que, em se tratando de sexo, a autoajuda convencional não ajuda, porque não põe em cheque as concepções básicas do sexo "normal". Como poderia ajudar se não contesta a ideia de que é importante ser sexualmente "normal" ou, *mais ainda*, não ser sexualmente anormal?

A maioria dos livros de autoajuda são *prescritivos*: dizem exatamente que tipo de sexo as pessoas *deveriam* ter e depois mostram como ter. É claro que não dá muito certo. As pessoas continuam comprando livros de autoajuda, continuam procurando terapias sexuais, continuam assistindo a programas de televisão que todos os dias mostram um novo "especialista em sexo".

O que os livros de autoajuda e esses especialistas precisam dizer é que o desejo de ser sexualmente normal distancia as pessoas de seu *self* sexual mais autêntico, cria ansiedade do desempenho e insatisfação sexual. A Inteligência Sexual – baseada no autoconhecimento, na autoaceitação e na comunicação profunda – é o melhor caminho para resolver a insatisfação sexual.

Se você ainda não sabe o que é ser sexualmente normal, lembre-se dessas características:

- Ser normal é fazer sexo quando se está cansado.
- Ser normal é querer ser sexualmente normal.
- Ser normal é não falar que está preocupado com isso.
- Ser normal é isolar-se emocionalmente quando faz sexo.

Certamente podemos esperar muito mais.

CAPÍTULO 3

O que é Inteligência Sexual?
Por que é ela tão importante?

Comecei a atender Margot e Duane um ano depois que a filha deles nasceu. Eles vieram me procurar porque não faziam mais sexo regularmente. E queriam entender por que viviam arrumando desculpas para isso.

Os dois tinham 32 anos e tudo o que a sociedade considera necessário para ter um ótimo sexo: eram muito bonitos, Duane ganhava bem, tinham uma boa babá para cuidar da criança. O casal se amava e parecia se desejar mutuamente. Por que, então, não faziam sexo? Ou, como disse Margot: "Por que temos essa disfunção do desejo?"

Fiz muitas perguntas durante as sessões para conhecê-los melhor. Como sempre, primeiro fui procurar as razões que causavam o comportamento que eles desejavam mudar. E quanto à "disfunção", nenhum dos dois tinha esse problema.

Margot gostava muito de sexo – e gostava de fazer sexo com Duane. Diferentemente de algumas mulheres que perdem o interesse no sexo depois de passar o dia cuidando de uma criança ativa e saudável, Margot queria sentir-se desejada pelo marido. Ela "precisava" sentir-se desejada, adulta e sexy – e não alguém que passava o dia inteiro pintando com os dedos. Ela estava pronta para aceitar qualquer tipo de convite sexual – que não vinha nunca.

Duane também gostava de sexo, especialmente de fazer sexo com Margot. Mas depois de trabalhar o dia todo e fazer a filha dormir quando chegava em casa, mal conseguia manter os olhos abertos. Desejava muito deitar-se com sua linda mulher – e receber toda a energia que ela tinha para dar. Mas, por mais que Margot falasse de sexo ou invejasse a vida sexual de outros casais, jamais tomava a iniciativa.

Certamente esse problema não existia em outras épocas. Quando eles começaram a namorar na faculdade, faziam sexo todas as manhãs e todas as noites. Nenhum dos dois precisava tomar a iniciativa – o sexo "simplesmente acontecia". E ambos gostariam que voltasse a "acontecer". Isso não é "disfunção"; é apenas uma ideia errada.

Nós discutimos o desejo deles de que o sexo voltasse a ser como era na juventude. Eu expliquei que a vida deles tinha mudado e que, para o sexo "acontecer", alguém teria de tomar a iniciativa. Sim, essa pessoa poderia ouvir um "não" – eles levaram um susto quando eu disse isso, porque divergia muito daquela fase sexual da qual nenhum dos dois se esquecia. E mesmo que conseguissem retomar a vida sexual, não seriam mais encontros de uma ou duas horas como costumavam ser. Essa perspectiva não foi bem aceita por nenhum deles.

Eles insistiam que adoravam sexo e queriam fazer – mas não queriam o sexo que eu sugeri ser possível para eles. E por isso não faziam nada esperando que essa realidade mudasse.

Enquanto isso, Margot estava preparada para engravidar novamente, o mais rápido possível. Ela queria muito, queria *demais* ter um menino. Era hora de ter o segundo filho, antes que Marilyn fizesse dois anos.

Duane não me parecia tão disposto. E isso não ajudava em nada a vida sexual do casal. Eu disse a eles: "Trabalhar um relacionamento sexual e ao mesmo tempo resolver questões de fertilidade é o mesmo que querer trocar os pneus do carro a 150 km por hora em uma rodovia movimentada".

Mesmo assim, eles quiseram continuar a terapia e eu concordei. Por razões que não interessam agora, Duane concordou em ter outro filho, mas disse uma única coisa a Margot: "O que me preocupa é o que acontecerá se você não engravidar. Não quero ficar tentando infinitamente, ok?". Apesar de não gostar do que ouviu, ela concordou. E engravidou quase imediatamente – nenhuma "disfunção" se apresentou.

Eles interromperam a terapia por um tempo quando Margot estava com alguns meses de gravidez. Na hora certa, nasceu uma bela e saudável menina.

Cinco meses depois do nascimento da pequena Charlotte, Duane e Margot voltaram ao meu consultório. Muitas mulheres levam até um ano para retomar a vida sexual após o parto. Mas não Margot – três semanas depois de dar à luz, ela estava pronta para o sexo. Comunicou Duane e voltou a esperar que ele corresse atrás dela pela casa.

É claro que Margot ainda não estava satisfeita com seu corpo – estava acima do peso e suas medidas não tinham voltado aos rigorosos padrões anteriores. Ela queria fazer sexo, mas esperava um convite antecipado para ter tempo de se depilar, tomar um longo banho, passar cremes, usar loções e assim por diante. Isso complicava ainda mais o sexo.

Duane também estava hesitante de retomar o sexo – mas por outras razões. Ele caçoou de Margot quando ela insinuou que seu corpo já não era desejável. E admitiu que não queria engravidá-la novamente. Estava satisfeito com as duas meninas e não queria tentar outro filho. A responsabilidade era muito grande, como a dela também era. Mas não queria deixá-la aborrecida recusando explicitamente tentar ter um menino, por isso nunca conversara seriamente sobre isso com Margot.

Ela queria ser procurada e por isso não tomava a iniciativa; ele não queria ser forçado a fazer um filho (e engravidá-la outra vez) e por isso não a procurava. E assim, por muitos meses eles se esquivaram daquele sexo prazeroso que um dia tiveram. Nenhum dos dois queria usar camisinha (ela achava "nojento"; ele não achava confiável). Ela não queria usar métodos hormonais como a pílula porque provocava efeitos colaterais e a engordava.

Eles conversaram se Margot não estaria satisfeita com as duas meninas lindas e saudáveis. Ela disse que não precisava ter outro filho imediatamente, e talvez... talvez nem quisesse mais ter. Mas não ia decidir agora.

E enquanto isso eles não faziam sexo. Ela queria que ele tomasse a iniciativa; ele não queria correr o risco de outra gravidez.

Então perguntei sobre fazer sexo sem risco de engravidar – sexo sem penetração. Sexo oral, sexo anal, manipulação de genitais, mordidas, sussurros, sucções, usar acessórios. "Ah, só preliminares", Margot concluiu com desdém. "Eu prefiro transar."

"Nós fazíamos tudo isso", disse Duane. E agora? "Bom, eu adoro que Margot faça sexo oral em mim, mas depois a gente vai querer transar. Eu me sentiria culpado de ganhar um belíssimo sexo oral e deixar Margot frustrada por não ter sexo real."

A única disfunção aqui era o conceito distorcido de "sexo real". A resistência mútua a um ótimo-sexo-sem-penetração era fantástica: isso não era "sexo real", não era o sexo que eles mais gostavam, era "enganação", eles "não precisavam" disso, não se sentiam bem fazendo essas coisas. As mesmas explicações que ouço todas as semanas.

E uma tremenda falta de imaginação – e Inteligência Sexual limitada de ambas as partes. "Nós sabemos o que é um sexo bom – nós fazíamos sexo o tempo todo. E nada disso é", Margot insistiu. Duane concordou e acrescentou que eles se sentiriam frustrados "sem penetração". Por isso, não faziam sexo e continuavam carentes, em busca de outros derivativos emocionais.

Eu quis aprofundar um pouco mais a discussão para entender melhor de onde vinha tanta resistência.

"Primeiro você diz que o sexo nunca mais será como antes, depois que não devemos ter sexo real até resolvermos se queremos ou não ter outro filho", disse Margot, frustrada. "Para aceitar isso, eu tenho... tenho... tenho que mudar!"

"Isso mesmo", concordei. "Se você e seu marido quiserem ter uma vida sexual prazerosa, terão de mudar." Eles aceitaram. Mas por mais que eu insistisse no assunto, eles não conseguiam entender o conceito. E assim, esse casal inteligente, atraente e desejável continuou rejeitando o sexo.

* * *

O valor da Inteligência

Vimos como um casal fugia do sexo porque não lhes proporcionava um determinado tipo de validação. Vimos como as pessoas precisam se sentir aliviadas e autoconfiantes, principalmente buscando uma função genital excelente. Só assim terão orgasmos mitológicos e proporcionarão ao parceiro um prazer arrebatador.

Em vez de falarmos como melhorar a função genital, nos voltaremos para uma maneira muito diferente de pensar sobre o sexo. Diremos o que você realmente necessita para criar e sustentar o prazer e a proximidade sexuais. E, além disso, essa nova abordagem aliviará o constrangimento e a autocrítica, e reduzirá drasticamente a necessidade de reafirmação da normalidade e da adequação sexual.

Trata-se de uma abordagem diferente que implica desenvolver e aplicar sua Inteligência Sexual. Inteligência Sexual é o conjunto de recursos internos que lhe permitirá relaxar, estar presente, comunicar, responder à estimulação e conectar-se física e emocionalmente com o parceiro. Quando você fizer isso, terá experiências sexuais prazerosas, independentemente do que seu corpo fizer ou não fizer. Comparada a esse alimento físico e emocional, a maior e mais firme das ereções e a mais úmida e estreita das vaginas são triviais.

Inteligência Sexual é mais do que conhecimento, mais do que paciência, mais do que confiança e mais do que gostar do próprio corpo. É tudo isso, mas muito mais.

Evidentemente, "inteligência" é um conceito útil que todos conhecem. Pode ser definida como a habilidade de: aprender ou de solucionar problemas. Pode ter uma definição mais restrita: é a capacidade cognitiva inata ou a facilidade de formular pensamentos abstratos. Ou mais ampla: é a habilidade de aprender e organizar a informação e selecionar a mais adequada para uma determinada situação.

Imagine acordar de manhã e, de repente, se ver em Moscou. Você não fala russo, mas tem um passaporte e algum dinheiro (é melhor no verão, ou você estaria congelado antes de completar a experiência). Para fazer qualquer coisa, precisará mais do que *conhecimento* – precisará de *inteligência*: saber que perguntas fazer, onde encontrar pessoas que possam ajudar, que decisões tomar em uma cultura diferente e assim por diante.

Inteligência Sexual não é a habilidade de ser bom de cama nem de funcionar como quando você tinha 22 anos. A Inteligência Sexual se expressa na habilidade de despertar o desejo e mantê-lo em situações que não sejam nem as ideais nem as mais confortáveis; na capacidade de se adaptar às mudanças do corpo; em ter curiosidade e abertura para entender o significado do prazer, da intimidade, da satisfação; e na capacidade de improvisar quando as coisas não saem como se quer – falta de lubrificação, correr para o banheiro no meio do ato sexual, perder ereção ou chamar o parceiro por outro nome. Ou tudo junto.

É por isso que todo mundo precisa da Inteligência Sexual. E é por isso que, com ela, você pode relaxar e sentir prazeres no sexo que antes lhe pareciam impossíveis.

Para administrar a própria ansiedade e sua sexualidade e a do parceiro, as pessoas confiam na sua forma de encarar a sexualidade: sexo "normal", função e "disfunção" genital, autocontrole, saber "o que as mulheres querem" e assim por diante. A maioria dos meus pacientes (você também?) já constatou que essa visão limitada não proporciona nem prazer nem proximidade. O que eles precisam, então? Nem de técnica nem de um corpo perfeito, mas da Inteligência Sexual.

E o que é Inteligência Sexual?

Os três componentes da Inteligência Sexual

1. Informação e conhecimento.
2. Recursos emocionais (permitem que você use o conhecimento).
3. Consciência corporal e conforto (permitem que você se expresse e mostre o que conhece).

O *conhecimento* que as pessoas parecem querer do sexo é "como posso ser bom de cama?" Para quem tem uma "disfunção" convencional, a pergunta é: "Como posso funcionar bem? Como me livro da minha disfunção?" (Isso sempre me soa como: "Como faço para ensinar meu pênis ou minha vulva a se deitar, sentar, rolar no chão...?")

Além disso, muitos me perguntam: "O que fazer para meu parceiro ser mais hábil e mais animado na cama?" "O que homens/mulheres realmente fazem durante o sexo?" e "Que posição me dá mais prazer?"

Apesar de simpatizar com o desejo que meus pacientes têm

de se saírem bem sexualmente, esse *não* é o objetivo. Conhecer as respostas para essas perguntas não é o melhor caminho para ter um sexo melhor.

Não, as informações de que você precisa estão em um manual que é só seu, do seu corpo e do corpo do seu parceiro, onde estão guardadas as preferências mútuas de carícias e beijos. Nesse manual, você encontrará as mudanças corporais que ocorrerão ao longo do tempo – na consistência da lubrificação vaginal, no efeito das alterações hormonais em sua resposta sexual e outras. Ajuda lembrar que uma dor nas costas ou um ombro travado pode interferir profundamente em seu desempenho sexual.

Também ajudaria um estudo de campo de um antropólogo sobre a incrível diversidade da sexualidade humana. Seria útil contextualizar as experiências, fantasias, preferências e curiosidades do casal, diminuindo sua ansiedade sobre a normalidade.

Muita coisa que você precisa saber para ter um sexo mais prazeroso não é especificamente sexual. As *habilidades emocionais* são necessárias para se sentir satisfeito em muitos aspectos da vida, entre eles o sexo. Nada pode substituir o crescimento – nem um corpo perfeito nem a melhor técnica sexual. É como querer que um carro funcione com o tanque cheio de dinheiro. O dinheiro não fará o motor funcionar; só servirá se for convertido em combustível. As habilidades emocionais são o combustível do sexo prazeroso.

Se as pessoas só buscassem o prazer físico, poderíamos argumentar que somente as habilidades físicas e o conhecimento são relevantes (eu não usaria esse argumento, mas mais cedo ou mais tarde, alguém acabará usando na TV). Como vimos, homens e mulheres querem do sexo mais do que prazer físico. E é por isso que faz sentido necessitarmos das habilidades emocionais para ter aquelas outras satisfações. Afinal, quantas vezes mais você vai querer fazer sexo com uma pessoa – por mais bela e talentosa que ela seja – que foi rude e egoísta, que não gosta de intimidade e é péssima ouvinte? (Por favor, dispenso piadas sobre ex-maridos!)

Por fim, chegamos ao corpo – onde se localiza toda essa problemática que chamamos de sexo. A ideia popular do papel do corpo no sexo é ser bonito e estar na sua melhor forma para despertar o desejo do parceiro (como se nossa própria imagem vista no espelho pudesse nos excitar). Talvez por isso muitos não se acham atraentes, nem para si nem para o outro. E por isso se consideram menos elegíveis para o sexo quando envelhecem.

É também o corpo que faz todas aquelas coisas exóticas e atléticas que nos dão tanto prazer e ao nosso parceiro. Mas também para isso o corpo deve "funcionar bem". Nos idos de 1966, os pesquisadores William Masters e Virginia Johnson definiram o Ciclo de Resposta Sexual – o padrão de respostas do corpo humano à estimulação sexual. Imediatamente, todo mundo se comparou com o modelo; e para quem perdeu, nas décadas de 1970 e 1980 a *Cosmopolitan* e a *Playboy* publicaram inúmeras instruções nada práticas e improváveis. Mais tarde, Oprah e o dr. Phil passaram mais de 20 anos dizendo o que é sexualmente correto e normal (ou seja, o que é sexualmente errado e anormal). Hoje, a pornografia nos fornece falsas imagens do corpo durante o sexo.

A ideia deste livro é diferente. Nós vemos o corpo como um veículo para entrar em harmonia com o parceiro e vamos deixá-lo mais tolerante para o prazer e a intensidade. Vamos fazer com que seu corpo reaja ao que estiver presente no ato sexual, em vez de ter reações traumáticas a antigas experiências dolorosas. Essas perspectivas são mais importantes do que "funcionamento", beleza, atletismo ou técnica. Aliás, se você se esforçar, poderá até ordenar que seu corpo funcione de determinada maneira.

Os três aspectos da Inteligência Sexual, juntos, permitem que o erotismo flua. Eles *garantem* o bom desempenho sem que ela esteja no centro do pensamento e da experiência sexual. Quando as pessoas dizem querer um sexo mais "íntimo", elas estão se referindo a aspectos da Inteligência Sexual como autoaceitação, autoconfiança, limites bem definidos e autoconhecimento (examinaremos cada um na Parte 2).

O que *não* faz parte da Inteligência Sexual são vigor físico, vasta experiência sexual, juventude e Técnicas Ancestrais do Oriente Místico. Sim, embora a mídia e seus "sex-especialistas" garantam que o "sexo bom" é proporcionado por qualidades físicas e técnicas especiais, nada disso proporciona a experiência sexual que você *quer*.

Tomemos o exemplo de Josip e Renata.

O que pode acontecer quando dois advogados estão reunidos sob o mesmo teto?

A resposta, no caso de Josip e Renata, é problema na certa. Eles se comportam o tempo todo como se enfrentassem um tribunal. Podemos culpar a formação profissional, mas não é o caso. Eles têm dificuldade de acreditar no que quer que seja. O fato de serem advogados só lhes permite ganhar dinheiro com seus déficits de personalidade.

Em casa, as brigas são constantes: leves provocações que fatalmente terminam em gritos, acusações e palavrões. Eles se arrependem de brigar na frente das crianças, tentam entender por que perdem o controle, não conseguem, prometem se esforçar e logo estão prontos para um novo *round*.

Por que vieram me procurar? Eles queriam fazer sexo com mais frequência e sentir mais prazer.

A essa altura, você deve estar balançando a cabeça – como alguém pode sentir prazer no sexo nessas condições? Mas é muito comum ter um relacionamento tumultuado e querer um sexo bom. Infelizmente, ninguém pode dar um tempo nem sair do casamento (ou dos problemas emocionais) para melhorar a vida sexual.

Como Josip e Renata sempre brigavam na minha frente, rapidamente eu me acostumei à dinâmica do casal. Eles traziam para o consultório alguma decepção ou frustração que tiveram em casa – ele chegou tarde para jantar, ela era obcecada com a segurança dos filhos –, tentavam discutir os assuntos com calma, mas logo aumentavam o tom. Em um ou dois minutos já se ouvia "você sempre faz isso" e "você nunca faz aquilo".

Renata detestava quando eu os mandava assistir a esses programas populares de aconselhamento de casal. "Não sou imbecil, não preciso que me ensinem nada. Sei como continuar casada." Josip procurava acalmá-la: "Seria ótimo se nós nos entendêssemos melhor. Principalmente para você", ele disse para mim.

Como ajudar a vida sexual dessas pessoas?

Eu expliquei que antes de conversarmos sobre orgasmos, carícias ou posições, teríamos de trabalhar a capacidade de cada um de tolerar o outro. Ambos aceitaram a sugestão, mas insistiram em manter o foco sobre o sexo. "Se fizermos mais sexo, talvez a gente não brigue tanto", Josip sugeriu. Renata concordou. "É, depois que Josip goza, ele fica um doce durante algumas horas, às vezes até por um ou dois dias."

Quando percebi que não os demoveria dessa ideia de fazer sexo e ter intimidade, resolvi ajudá-los a ter um sexo mais prazeroso.

"Tenho certeza de que essas cinco habilidades vão ajudá-los":

- Conformar-se quando estiver frustrado.
- Dar ao companheiro o benefício da dúvida.
- Quando magoado, definir o outro como desinformado em vez de descuidado.
- Colocar-se no lugar do parceiro antes de dizer qualquer coisa.

- Esforçar-se para entender o parceiro antes de brigar para se fazer entender.

"Concordo que Josip precisa crescer", Renata disse em um tom ríspido. "Isso tudo parece psicanálise. Mas eu não preciso aprender mais nada. Só quero que meu marido passe mais tempo comigo e pare de brigar."

Josip quis responder, mas logo eles ergueram o tom de voz e um passou a culpar o outro por não ser sensual. Cada palavra rude que eles diziam reforçava meu diagnóstico. Então tive uma ideia.

"Está bem, então o que vocês querem são exercícios sexuais. Quando chegarem em casa, quero que um massageie o outro como se vê neste folheto.[1] Levem com vocês."

"Finalmente alguma coisa que tem a ver com sexo", disse Renata, olhando o folheto. Ela passou os olhos pelas imagens e franziu o nariz. "Mas são só as mãos?"

"Não, são também o corpo e o prazer", dei a resposta que sempre dou aos casais para os quais passo a tarefa.

Eles prometeram fazer.

Na semana seguinte, não tinham feito.

"Ela brigou comigo a semana toda", disse Josip.

"Até na única vez que paramos para fazer essa bobagem", Renata acrescentou.

Eu não disse nada e a sala caiu em um profundo silêncio.

"Tudo bem, talvez a gente deva conversar mais sobre como levar isso adiante da melhor maneira", ela suspirou.

Nós ainda estamos trabalhando juntos.

O casal continua perguntando quando vamos começar a falar de sexo. Eu continuo tentando melhorar a capacidade deles de confiar, serem pacientes, exercitar a autodisciplina e de ver o outro como um amigo – em suma, transformar a relação deles

---
[1] Reproduzido na página 255.

para que a vida sexual ganhe um novo sentido. Esse é o aspecto-chave da Inteligência Sexual – melhorar o relacionamento para melhorar o sexo. Alguns acham que o inverso é mais eficaz. Mas não é.

A Inteligência Sexual como uma narrativa

Todo mundo tem histórias para contar. E não me refiro apenas a "onde você comprou esse carro?" ou "qual é seu filme favorito?". Estamos *sempre* contando a alguém quem somos, contando com alguma narrativa para nos explicar – histórias genéricas, descrições do que é importante, quem somos nós e como foi que ficamos assim.

Quando se trata de sexo, cada um também tem sua narrativa. Essas narrativas respondem a perguntas básicas sobre nossa identidade: Em se tratando de sexo, quem é você? Por quê? Como se tornou essa pessoa? A seguir, algumas narrativas comuns sobre sexualidade:

- ☐ tenho medo do sexo
- ☐ sou romântica
- ☐ quero sempre mais
- ☐ não ligo para sexo
- ☐ não transo bem
- ☐ ainda não me recuperei da última experiência
- ☐ homens/mulheres me assustam
- ☐ sou impulsivo, gosto de correr riscos
- ☐ estou sempre excitada
- ☐ não tenho sorte com homens/mulheres
- ☐ adoro sexo
- ☐ sou bom de cama
- ☐ não consigo dizer o que eu gosto
- ☐ não sou desejável

☐ não confio em ninguém   ☐ não quero mais saber de sexo

☐ gosto de fazer amor e não sexo   ☐ toda essa história sobre sexo me deixa confuso

☐ sou vítima de estupro/ou de exploração sexual infantil   ☐ sempre caio em uma boa cantada

☐ sou compulsivo sexual

Como um princípio organizador para pensar sobre o sexo, a Inteligência Sexual é um tipo de narrativa, de adequação pessoal, de presença, de conexão, de suficiência, de comando e domínio do próprio corpo, de relaxamento (se você está ou não) e de aceitação (de como as coisas são e não como você imagina ou teme que sejam).

A Inteligência Sexual é também uma narrativa de *não* carregar o que não é importante. Obviamente, antes você tem de decidir se é ou não é importante. Depois, precisa ter disciplina para ignorar o que não importa, mesmo que tenha importância para os outros ou que possa parecer atraente para você.

Eis alguns exemplos do que meus pacientes prestam atenção durante o sexo (ou entre encontros sexuais) e que interferem no prazer:

- O desejo e a habilidade de fazer *tudo*, sexualmente falando
- Quem já os magoou
- Querer competir com todos os homens/mulheres e com o(s) parceiro(s) anterior(es) do atual parceiro
- As "distrações" convencionais (tarefas inacabadas, o som da TV em outro cômodo)

Trabalho com meus pacientes para que eles concluam que nada disso é importante e os ajudo a se disciplinarem para ignorar essas interferências. Muita gente não percebe a importância da disciplina para ter um sexo agradável – e prazeroso. Talvez, para você, um sexo benfeito deva ser desregrado e despreocupado (também pode ser) e por isso mesmo deva ser espontâneo e sem limites. Mas isso é o mesmo que imaginar que uma boa refeição ou uma bela tarde no parque aconteça sem nenhum preparo ou concentração. Se você vai a um restaurante lotado e reclama o tempo todo da localização da mesa, se vai a um piquenique e não faz outra coisa senão se proteger do sol, talvez já saiba que prestar a atenção no que realmente importa é fundamental para que qualquer atividade seja agradável.

O mesmo vale para o sexo – para aproveitá-lo, você tem de estar focado mentalmente e saber em que *não* deve prestar atenção.

Então, a narrativa da Inteligência Sexual diz respeito a sua experiência real, mais do que uma comparação do seu desempenho, do grau de desejo ou das várias fantasias (de macho, de adolescente, de sexy e assim por diante). Em vez de pensar se seu desempenho está adequado ou se suas fantasias são normais, essa perspectiva ajuda você a avaliar a sexualidade de acordo com o prazer, a conexão com o parceiro e com seus valores pessoais.

Inteligência Sexual implica mudar a relação que você tem com sua sexualidade, e não só fazer belos truques com o corpo. Tem muito menos relação com o que você *faz* do que com quem você é – o que pensa, sente, crê e deseja. Por isso, você não encontrará neste livro instruções sobre *lingerie*, acessórios e as melhores posições.

Melhorar sua Inteligência Sexual é a maneira mais segura e abrangente de melhorar sua experiência sexual.

O conceito de Inteligência Sexual ajuda a explicar por que algumas pessoas se sentem sexualmente frustradas mesmo que não tenham "disfunções" e seu corpo funcione muito bem. Porque "funcionar" bem não é garantia de intimidade, de sintonia física e de relaxamento que proporcionam o prazer sexual.

Ao encorajar e facilitar a autoaceitação, a Inteligência Sexual diminui o isolamento e a timidez e melhora todo seu relacionamento.

A abordagem da Inteligência Sexual não requer que seu parceiro mude; mas ao ajudar você a aceitar a si mesmo, ajuda você a aceitar seu parceiro, em vez de esperar que ele mude. E ajudará você a aceitar futuras mudanças – em seu corpo, em seus relacionamentos e em sua saúde.

PARTE 2

Os componentes da Inteligência Sexual

CAPÍTULO 4

O cérebro
Informação e conhecimento

Gostei de Jason no momento em que o vi. Era inteligente – tinha estudado em Harvard e agora fazia o último ano da Stanford Business School. Tinha uma mecha de cabelo rebelde que não parava no lugar e usava cordões de sapato roxos – uma raridade entre os engravatados do MBA.

"Tenho 25 anos e sou um fracasso com as mulheres", ele declarou. Fracasso como? "Minhas ereções não são nada confiáveis e às vezes ejaculo muito rápido." Rápido como? "Antes de a garota gozar. Isso é muito constrangedor."

Quando perguntei a Jason por que ele considerava isso um problema, ele pensou que eu não tivesse entendido e contou outra vez. "Eu entendi", eu disse. "Mas por que seria um problema não ter ereção quando quiser ter e ejacular precocemente?"

"Não sei como era na sua época", ele começou, meio brincando, meio incomodado, "mas as moças de hoje em dia esperam certas coisas quando vão para cama com um cara. E uma delas é uma boa e sólida trepada. E isso inclui um orgasmo."

"Nossa, que coisa mais assustadora!", exclamei gentilmente. "Isso intimida você?"

"Sim e não", ele respondeu. "Fico meio inseguro, mas faz parte as mulheres terem essa expectativa, não é?"

"Depende dos detalhes", eu disse. "Que elas prefiram certas

coisas, tudo bem. Mas se não conseguem sentir prazer se não acontecerem, os dois correm o risco de falhar."

Não era essa a resposta que ele esperava.

"Acho que você não pode me ajudar", ele me desafiou. "Porque não entende nem os jovens nem as mulheres."

Era minha grande chance de revidar, mas não o fiz.

"Jason, é claro que certas coisas eu não entendo. Mas para conhecer você melhor, gostaria de saber que coisas são essas. Acho que entendo sua situação. E que posso ajudá-lo a entender melhor algumas outras coisas."

"OK, continue", disse Jason.

"Em primeiro lugar, você está generalizando o que as mulheres gostam. Talvez descreva várias mulheres que conheceu e provavelmente muitas outras, mas elas não são nem de longe a maioria. Em segundo lugar, o orgasmo feminino resulta da estimulação clitoriana, e não vaginal. Portanto, o ato sexual com penetração, por mais prazeroso que possa ser, em geral, não é uma atividade que leve a mulher ao clímax. Em terceiro lugar, é mais difícil ter ereção e mantê-la quando se está ansioso. E a maior parte da ejaculação precoce é provocada pela ansiedade, e não pela busca do prazer ou pela estimulação."

Antes que ele abrisse a boca para dizer alguma coisa, eu acrescentei:

"Essas não são minhas opiniões. São fatos. Hoje eu sei que o ato sexual tem significados diferentes para homens e mulheres. E acho ótimo que você não se sinta bem por não conseguir alcançar, e proporcionar, esses significados simbólicos da maneira como gostaria, como acha que deve ser. Vamos separar o valor prático do significado simbólico e aceitar os fatos como eles são. Você quer ter ereção imediatamente, quer que ela dure e acredita que pode levar uma mulher ao orgasmo com penetração. E pensa que não está fazendo nada disso, certo?"

Ele assentiu.

"Em vez de querer consertar seu pênis, proponho deixá-lo um pouco de lado e tratarmos de dois outros detalhes: o que é o sexo para você e como você escolhe suas parceiras?". O jovem me olhou desconfiado, mas ouviu atentamente. "Vamos diminuir a pressão que você sente antes, durante e depois do sexo. E assim, não só sua capacidade de ter e manter a ereção vai melhorar muito, como será mais fácil sentir prazer no sexo, aconteça o que acontecer."

"E quanto à frustração da parceira?", ele perguntou

"Voltemos aos dois primeiros argumentos", comecei. "Primeiro, procure uma mulher que goste de você como você é, procure conhecê-la melhor e converse com ela sobre sexo antes de irem para a cama. Em segundo lugar, saiba que embora muitas gostem de transar, a maioria não acha que seja obrigatório. Para saber o que deve fazer para uma mulher, você terá de perguntar a ela. Eu lhe garanto, pela minha experiência profissional *e* pessoal, que a exigência mais comum que uma mulher leva para o sexo é que o homem esteja emocionalmente presente. E se formos falar de satisfação física, a maioria delas gosta da relação intravaginal, mas a mão, a boca e um vibrador em seu clitóris provavelmente lhe darão muito mais prazer."

Enquanto ele pensava nessa grande diferença na abordagem que ele fazia do ato sexual, reforcei: "Jason, não esqueça o que eu lhe disse".

E ele não esqueceu. Após mais algumas sessões, estava gostando muito mais do sexo e despediu-se de mim agradecido.

* * *

Uma informação clara é essencial para tomar a melhor decisão. Entretanto, a ambivalência cultural sobre sexualidade na nossa cultura mistura de tal forma informação com boatos, opiniões, superstições e mentiras que fica difícil saber em que acreditar. Além disso, as pessoas ficam tão ansiosas em relação à sexualidade que não conseguem usar as informações corretas para tomar decisões. Alguns exemplos disso são a maneira de encarar a contracepção e a esterilização, o sexo oral e anal, a fantasia e a masturbação.

Vamos examinar algumas informações que podem ajudá-lo a ter experiências sexuais mais prazerosas, que aproximem você do seu parceiro e não firam seus valores.

Anatomia e fisiologia

Quando iniciei meu treinamento como educador sexual (em algum momento entre a invenção da roda e a internet), aprendi que o corpo humano tem áreas sexuais – as zonas erógenas. Você sabe quais são: a genitália, a boca, os mamilos, o ânus e as orelhas. Os mais liberais acrescentam as coxas, as nádegas e o pescoço.

Mas cheguei à conclusão que não é bem assim. A ideia básica de dividir o corpo humano em áreas sexuais e não sexuais desencoraja a experimentação erótica, supervaloriza o orgasmo e abre espaço para a ansiedade da normalidade. E essa é uma experiência bastante comum.

Se por um lado, para algumas pessoas certas áreas do corpo são tremendamente sensíveis em determinadas condições, para outras essas mesmas áreas, em situações fisicamente desconfortáveis, quando você não tomou banho ou se o toque incomoda ou lhe deixa constrangido, não apresentam nenhuma sensibilidade e estão longe de serem áreas sexuais do corpo humano.

Por outro lado, você pode ficar tão excitado que é como se seu corpo inteiro fosse um grande órgão sexual. Nesses momentos gloriosos, não há nenhuma área dele que não seja sensual.

Todas as partes do corpo estão carregadas eroticamente. Enquanto você está lendo isso, alguém, em algum lugar, provavelmente estará fazendo amor com o cotovelo, o joelho, o pé, o cabelo, com *a respiração*.

Sabendo hoje um pouco mais do que sabia em 1978, eu afirmo que não existem zonas erógenas – porque não há nenhuma zona que não seja erógena. Chamemos esta tese de Anatomia de Guerrilha: não existem áreas sexuais no corpo humano; existe o corpo humano; existe a energia sexual. O primeiro experimenta e libera a segunda. Ensaboa, enxágua e tudo se repete.

A única exceção é o clitóris – é o único órgão do corpo humano que não tem qualquer outro propósito que não seja o prazer. Você sabe que a maioria das mulheres só atinge o clímax quando esse pequeno botão é estimulado (pela mão, pela língua, por um vibrador, um travesseiro, por água corrente ou um sanduíche de peru), certo? Um pênis que entra e sai da vagina raramente encontra o clitóris, independentemente do tamanho. Portanto,

clitóris + pequenos e grandes lábios +
abertura vaginal = vulva

Para a maioria das mulheres, o melhor caminho para o clímax é a vulva, e não a vagina. Então, por que as pessoas fazem tanto espalhafato sobre a mais bendita das "zonas erógenas", a genitália? Por dois motivos:

1. A genitália é o equipamento necessário para fazer um bebê. É o ângulo do Milagre da Vida – que a maioria das pessoas procura evitar praticamente toda vez que faz sexo.

2. A genitália tem uma excelente capacidade hídrica: quando o cérebro recebe uma estimulação que é codificada como sexual (uma imagem, um cheiro, uma memória, um toque,

uma emoção, o que for), é enviada uma mensagem pela coluna espinal para a pélvis, em que os nervos instruem os vasos sanguíneos a se dilatarem para receber um fluxo sanguíneo. Quando o tecido do pênis ou da vulva é irrigado, o órgão sexual aumenta de tamanho e fica mais sensível.

O ciclo da resposta sexual

Aqui se origina o modelo mental que o homem ocidental tem do sexo. Entendê-lo ajudará a conhecer tanto os limites de como você conceitua a função sexual em seu corpo quanto o valor da Inteligência Sexual – é um enfoque totalmente diferente.

Nos anos 1960, William Masters e Virginia Johnson estudaram o funcionamento do corpo humano durante o ato sexual – algo que nunca havia sido feito. (Se quiser, inclua aqui aquela famosa história do seu primo Dudu, que durante muitos anos estudou profundamente esse assunto no interior de carros e no escuro do cinema.)

Centenas de casais mantiveram relações sexuais no laboratório de St. Louis enquanto uma equipe treinada media nos voluntários a temperatura da pele, a pulsação, a dilatação da pupila e outros. Masters e Johnson tabularam essas informações que hoje fazem parte do treinamento de todos os terapeutas sexuais. Eles conceituaram a experiência de seus sujeitos em um modelo que chamaram de Ciclo de Resposta Sexual (ver página seguinte).[2]

A importância desse modelo é resumir e descrever como o corpo "normal" responde à estimulação "normal". Em uma época em que a TV ainda não mostrava um casal na cama lendo ou

---

[2] O orgasmo múltiplo de muitas mulheres também pode ser representado nesse diagrama. Assemelha-se a uma série de ondas que se alternam entre orgasmo e platô sem ir direto para a resolução.

conversando, que os apresentadores não podiam dizer a palavra "gravidez" no ar, a pesquisa e os resultados que Masters e Johnson conseguiram foram revolucionários.

O CICLO DE RESPOSTA SEXUAL DE MASTERS E JOHNSON

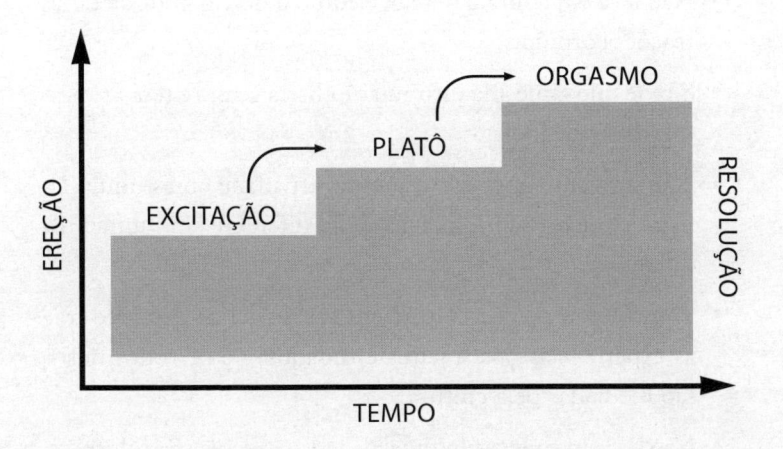

```
                                    ORGASMO
                         PLATÔ
       EXCITAÇÃO
EREÇÃO                                         RESOLUÇÃO

                    TEMPO
```

No início da década de 1960, ciência e máquina eram metáforas dominantes nas artes, na propaganda, na educação, nos esportes e na saúde do homem ocidental. E foi com base nessas metáforas que Masters e Johnson imaginaram o corpo humano como uma máquina que funcionava de modo previsível. O corpo que não funcionasse de uma determinada maneira tinha uma patologia que inspirava cuidados. E nesse momento histórico foram criadas tanto a "normalidade" quanto a terapia sexual. E desde então ambas estão relacionadas.

É bom conhecer o comportamento típico do corpo humano. Mas não é bom pensar que seu corpo deva se comportar sempre assim; caso contrário, alguma coisa estará errada com você. Pior ainda é querer que seu corpo se comporte de certa maneira para você ter prazer no sexo.

Embora o Ciclo de Resposta Sexual de Masters e Johnson tenha sido uma descoberta importante, as recompensas desses pesquisadores foram o isolamento profissional, a vigilância dos governos e ameaças de morte. Passemos agora a algumas limitações do modelo:

- Não leva em conta o desejo, e como o desejo pode afetar as reações corporais.
- Supõe que a mesma estimulação física sempre terá as mesmas consequências.
- Não leva em conta que a mesma atividade ou estimulação física pode ser sentida de maneira diferente em momentos diferentes.
- Toma como certa a cultura em vez de deixar explícito que as experiências dos sujeitos estudados – e de todos nós – são mediadas pela cultura.
- Não leva em conta a espiritualidade e as experiências subjetivas.
- Parte do princípio de que o orgasmo é a conclusão normal dos eventos sexuais.

Desde que o modelo foi desenvolvido, muitos profissionais têm proposto revisões e outros modelos do funcionamento sexual. Cada um se baseia em alguma dessas críticas. Ainda assim, o modelo de Masters e Johnson está tão impregnado em nossa cultura que as pessoas se esquecem de que é apenas um modelo, e não uma descrição precisa da experiência de todos. Por exemplo, homens mais velhos nem sempre têm orgasmo com suas parceiras, mas têm um sexo prazeroso. Similarmente, algumas mulheres atingem o clímax apenas pela estimulação psicológica. O modelo de Masters e Johnson não considera nenhum desses casos.

Por fim, é importante lembrar que o sexo raramente é um contínuo aumento de desejo, de excitação e de orgasmo. Para a maioria das pessoas, as ondas de excitação crescem e diminuem durante o sexo, seja por distração externa, pelos diálogos internos, pela vontade de ir ao banheiro, de querer falar, rir ou descansar, ou pelos ritmos naturais do corpo. Ver esses subir-e--descer como um problema ou uma disfunção não é realista e, em geral, causa muitos outros problemas.

Uma palavra sobre orgasmo

É a sobremesa, e não o prato principal.

Tudo bem, eu explico: querer que o orgasmo seja o ponto alto do sexo é um problema por dois motivos:

- Porque dificulta ter um orgasmo.
- Porque desvaloriza toda a atividade sexual que não leve ao orgasmo.

O orgasmo costuma durar, digamos, uns dois, cinco, até dez segundos. E o ato sexual, desde o momento em que vocês começam a se despir até quando dizem "foi muito bom" e ligam o celular, leva dez, vinte e até trinta minutos. Portanto, o orgasmo representa menos de 1% do tempo de duração de um encontro sexual. É pura tolice querer que esse 1% seja o ponto alto do exercício como um todo. E não compensa tanto esforço.

Algumas pessoas se aborrecem durante o sexo e querem que um orgasmo fabuloso justifique a experiência. É como ir a um restaurante em que as cadeiras são desconfortáveis, o serviço é ruim, a comida é medíocre e querer que a sobremesa compense uma experiência tão frustrante.

Ainda não inventaram uma sobremesa tão boa e nem um

orgasmo tão bom. Se o ato sexual faz você se sentir só, se lhe dá dor de cabeça, deixa você confuso quanto aos sentimentos do seu parceiro, se é fisicamente dolorido ou é cheio de impedimentos e escusas, nenhum orgasmo do mundo fará valer a pena.

Provavelmente, nessas condições nem haverá orgasmo.

Quer um modelo melhor? Fazer o que você gosta durante o sexo. Fique excitado, dê prazer a si mesmo e ao seu parceiro. Inclua um orgasmo, se você quiser. Mas faça um sexo que seja tão agradável que se você não chegar ao clímax, sentirá que foi um tempo bem gasto.

Como fazer um bebê – desejado ou não

Não é fácil relaxar, tornar-se íntimo e ter prazer no sexo quando você tem medo de engravidar. E apesar das aulas de educação sexual na escola, muitos de nós ainda temos dúvidas sobre como os bebês são feitos – ou são evitados.

A mulher precisa de três coisas para engravidar: um óvulo, um esperma e um lugar para alojá-los durante nove meses depois que eles se dão as mãos. Os três têm vida útil limitada.

Durante o período fértil da mulher (mais ou menos a partir dos 13 ou 15 anos), todos os meses um dos ovários libera um óvulo (ovulação). É quando a porta se abre para uma possível gravidez. Se um esperma encontra esse óvulo, em tese (!) o par se alojará em algum lugar (o "útero", a "incubadora do diabo"), se transformará em feto e uma criança nascerá.

Vamos aos números: o esperma sobrevive uns cinco dias até encontrar o óvulo. O óvulo sobrevive um ou dois dias antes de receber um esperma. Então, a mulher pode engravidar entre dois e cinco dias. Acrescente mais alguns dias em cada ponta, e *mensalmente* o casal estará vulnerável mais ou menos durante onze dias. *Você pode engravidar se tiver uma relação sexual desprotegida nesses onze dias.*

É fácil saber quando um jato de espermas é injetado no interior da vagina. Mas como saber se há um óvulo pronto para receber um deles? A resposta aproximada é: mais ou menos no meio de dois períodos menstruais (quando a parede do útero está pronta para alojar o ovo fertilizado). Em um ciclo médio de 28 dias, esse período corresponde à segunda semana e ao início da terceira após o fim da última menstruação. Porém, poucos ciclos são tão regulares, e qualquer um pode ser alterado por doença, estresse, amamentação, feromônio, mudanças bruscas na dieta ou padrões de sono, entre outros.

Se você pudesse prever exatamente quando sua parceira vai ovular, poderia contar com um excelente método de contracepção – e *se* você se recusasse terminantemente, decididamente, a manter relações durante essa janela aberta para uma possível concepção. A mulher pode calcular (mas *só* calcular) quando vai ovular contando dez dias a partir do começo da última menstruação, mas isso não é seguro. Quem confia nesse método empírico de controle da natalidade dá o nome de "tabela". O termo técnico para esses apostadores é "futuros pais". Vinte e cinco por cento dos casais que usam o método da tabela engravidam em um ano típico. No século 21, correr esse risco todos os meses é totalmente desnecessário e irresponsável.

Alguns chamam todo o processo de "milagre da vida". Mas não é milagre, é pura ciência. Se você não quiser usar um anticoncepcional de verdade, memorize e aplique esses simples fatos. Este gráfico confirma o que acabo de descrever.

COMO VOCÊ CORRE O RISCO DE ENGRAVIDAR

Início da menstruação

RISCO DE ENGRAVIDAR
Alto
Baixo

DIA APROXIMADO

1   4   7   10   13   16   19   22   25   28+

Período de menstruação

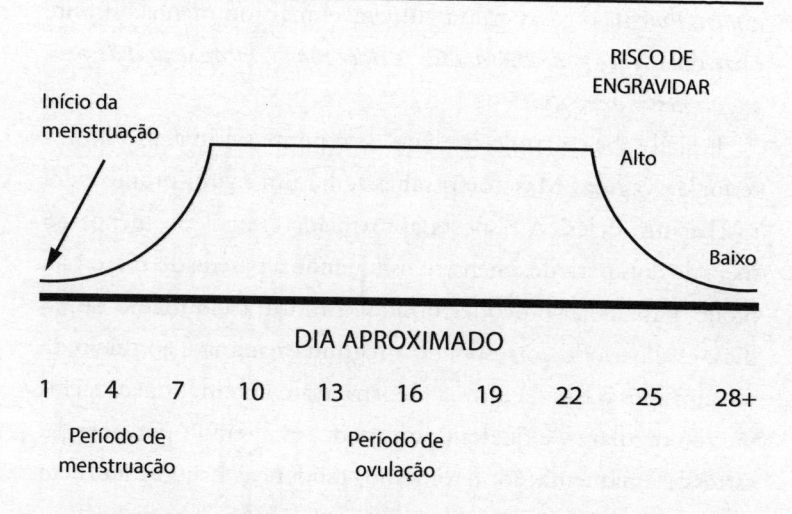

Período de ovulação

Contracepção: por que é tão especial?

Para a maioria das pessoas, a gravidez não desejada é a *única* coisa que pode dar errada no sexo consensual.

Portanto, a contracepção eficaz é uma parte especial da Inteligência Sexual. Se você tomar cuidado, pode fazer o que quiser sexualmente; caso contrário, o intercurso pode ter consequências indesejáveis. E essa não é a melhor maneira de viver e menos ainda de fazer amor. Quando nada pode dar errado durante o intercurso, ele será muito mais apreciado. Mas se houver uma única chance de resultar em gravidez indesejada, como uma pessoa minimamente sensata tem condições de relaxar e ter prazer?

Para reduzir tanto a ansiedade do desempenho quanto a da normalidade, temos de fazer um sexo que seja essencialmente inofensivo e insignificante. (Se for insignificante, ninguém precisará temer o "fracasso".) Dessa maneira você se desobriga a ter experiências sexuais que sejam profundas, íntimas e significativas; você e seu parceiro só terão de administrar os comportamentos e as atitudes de modo que não importe o que acontecer durante o sexo, desde que ambos estejam gostando.

Espanta-me a atitude displicente de muita gente esclarecida diante do controle da natalidade.

Quando faço essa pergunta aos meus pacientes, um número surpreendente costuma dizer: "Não estamos tentando engravidar, mas se acontecer, aconteceu". Ninguém costuma pensar assim quando se trata de comprar, ou não, uma torradeira. Mas é a atitude de muitos, em relação a essa importante decisão que o ser humano tem de tomar.

Após 33 anos de trabalho na área sexual, já ouvi as mais variadas explicações para a inconsistência das pessoas em relação ao controle da natalidade. Por exemplo:

- "A pílula engorda."
- "A pílula me faz mal."
- "Eu acho que não sou (ou não somos) fértil."
- "Esses métodos interrompem a espontaneidade."
- "Sinto-me pressionado com tanto planejamento."
- "Perco a sensibilidade quando uso camisinha."
- "Há muito tempo não usamos anticoncepcionais e até agora nada aconteceu."
- "Mulher que só quer sexo não presta."
- "Não quero ter mais filhos, mas tenho medo de fazer esterilização e perder um filho em um acidente. E se eu ficar viúva e meu próximo marido quiser ter filho?"
- "Não nos entendemos sobre ter ou não ter filho (ou outro filho), e eu não quero brigar toda vez que faço sexo."

- "Sou cristão e não posso evitar a gravidez."
- "Ouvi dizer que ninguém consegue engravidar da primeira vez (ou se ficar em pé, se não gozar, se a mulher ficar por cima, se tomar banho logo em seguida ou se o homem ejacular fora da vagina)."

É possível entender que o tema evitar a gravidez levante alguns assuntos que você prefira evitar, tais como:

- O futuro do relacionamento.
- A qualidade da vida sexual.
- Se vocês exigem ou não exclusividade sexual, e como definem isso.
- Se têm opiniões divergentes sobre ter ou não um filho (ou outro filho).
- Onde estarão morando nos próximos cinco anos.
- A dúvida inquietante se um dos dois voltará ou não a trabalhar.

Por essas e outras razões, a contracepção é muito mais que uma atividade técnica; pode ser a inter-relação de inúmeras questões emocionais e de relacionamento. Se o casal ainda não definiu os princípios e o futuro do relacionamento, evitar o controle da natalidade pode ser uma forma de evitar outras coisas. O problema é que o preço de evitar a contracepção pode ser uma gravidez indesejada.

Existe um método contraceptivo para todo mundo, embora todos apresentem alguns inconvenientes. Você pode dizer "não aceito os inconvenientes de *todos esses* métodos, por isso não uso nenhum". Se as pessoas precisassem de uma licença para fazer sexo, pensar dessa maneira seria exatamente o que desqualificaria um candidato. Expressar sua sexualidade de maneira segura, prazerosa e fortalecedora é um glorioso privilégio. Ficar vulnerável para uma consequência indesejada que vai alterar toda sua vida é tratar o sexo – e a si mesmo – com total desrespeito.

Manter relações sexuais? Ser fértil? Não tem certeza absoluta se quer engravidar? Para obter mais do que você quer do sexo, use anticoncepcional.[3]

Não esqueça a pílula do dia seguinte

Essa é uma invenção fantástica: a pílula do dia seguinte ou EC (a sigla refere-se ao termo em inglês *Emergency Contraception*). É uma dose cuidadosamente calculada de contraceptivo que pode, dependendo da marca, ser tomada até cinco dias após uma relação desprotegida para evitar uma gravidez. *Não é uma pílula abortiva* (essa é outra droga, a RU486), não provoca aborto nem afeta um ovo já fertilizado que esteja implantado na parede uterina. Mas previne a gravidez. Quem disser qualquer outra coisa terá como base um fato não comprovado cientificamente.

Hoje, quem tem mais de 17 anos pode tomar uma EC sem receita médica. A vida útil é bem longa. Então, se você está em um período fértil e não pretende engravidar agora, vá correndo a uma farmácia. Deixe as pílulas ao alcance da mão para o caso de falhar o método anticoncepcional que você costuma usar (uma camisinha que se rompe, o cachorro que come suas pílulas anticoncepcionais); a pílula do dia seguinte é uma proteção segura e imediata para você e para seu parceiro. Se a EC não for usada em um prazo de três anos, jogue fora e compre novas. Tenha

---

[3] Para outras informações sobre a eficácia dos métodos anticoncepcionais e seus efeitos colaterais, consulte sites como o da Women's Health ou da Planned Parenthood. Ao pesquisar métodos anticoncepcionais, conselhos ou informações, certifique-se de que está em uma organização que apoia com entusiasmo a disponibilidade e o uso de anticoncepcionais. Nem todas que se propõem a dar "conselhos" e " informações" são confiáveis.

sempre uma de reserva, como se fosse um tubo de pasta de dente, um vidro de azeite ou pilhas AA.

Um ano depois que sua parceira parar de menstruar, você pode parar de comprar a pílula do dia seguinte. Se nunca precisou usar, terá sido um bom investimento: pagou barato por uma segurança muito poderosa. Se precisou, o valor é inestimável. Outras informações sobre essa maravilha da vida moderna você poderá encontra no site em inglês da Emergency Contraception.

Doenças sexualmente transmissíveis

Existem também as DSTs. Quando eu era adolescente, nós as chamávamos de doenças venéreas. A palavra "venérea", de origem latina, era sinônimo de algo "sujo, imoral e vergonhoso".

Muitos acham que é o fim do mundo pegar uma DST. Quando ouvem esse diagnóstico, sentem-se sujos, envergonhados, derrotados. Duvidam que alguém queira fazer sexo com eles ou que voltarão a sentir prazer algum dia. Nem conseguem contar que estão doentes.

Desde que você se trate, as consequências mais graves de uma DST (com exceção do HIV) são a vergonha, o preconceito, o isolamento. E certos relacionamentos estáveis terminam com a revelação (ou suspeita) de infidelidade que sempre acompanha um diagnóstico de DST (por isso, muitos guardam segredo até mesmo de seus parceiros).

A medicina moderna nos permite tratar as doenças sexualmente transmissíveis da mesma maneira que tratamos qualquer outro problema de saúde. Infecções bacterianas como sífilis são curadas com medicação. Infecções virais como herpes não têm cura, mas podem ser controladas com medicação e alguns ajustes no estilo de vida, na dieta e no estresse. Raramente uma DST causa infertilidade – nada que um tratamento adequado não resolva.

Ou seja, as consequências de uma gravidez indesejada superam de longe as consequências de uma DST.

Muita gente se cuida para não pegar DSTs, usando camisinha ou evitando sexo genital. Excelente! Quero que elas tenham prazer no sexo que estão fazendo e não simplesmente temam o pior. Muitas pessoas *dizem* que se cuidam para não pegar uma doença, mas não fazem nada para evitar o contágio. Algumas delas têm prazer no sexo; outras são ansiosas demais para ter prazer.

Para impedir que a DST se espalhe, tenha uma conversa franca com seu parceiro. Por mais desagradável que seja, há duas coisas que podem ser feitas e não exigem conversas desagradáveis:

- Conheça os sintomas externos das DSTs mais comuns.[4]

- Com cuidado, identifique sintomas em seu parceiro, principalmente se acabou de conhecê-lo ou só o vê de vez em quando. Tomar banho juntos é uma boa maneira de identificar a doença. Outra é fazer carícia nas coxas, na barriga, nas nádegas – com luz suficiente para que você possa ver onde está tocando.

Mas são poucas as pessoas que fazem isso. Elas nem querem pensar em DSTs. Por que, então, não se protegem? E que "proteção" seria essa, cientificamente falando?

- Limitar o número de parceiros sexuais.

- Examinar-se periodicamente (e saber o que é que você está procurando).

---

[4] Veja fotos de DSTs em <http://www.avert.org/std-pictures.htm> (e "STI symptons pictures", no Google). Acesso em: 27 jun 2013.

- Examinar o parceiro (e saber o que é que você está procurando).
- Fazer sexo não genital.
- Usar camisinha quando faz sexo genital.

Pouca gente faz isso. O máximo que consegue fazer diante de um novo parceiro é: "Vamos conversar sobre DST? Eu não tenho nada para lhe contar. E você? Também não? Ótimo, agora podemos transar".

Eu sei que muitos homens e mulheres solteiros e polígamos pensam nas DSTs como os californianos pensam nos terremotos: "Tomara que não me atinjam; sei que devo tomar precauções, mas dá muito trabalho; pensarei no que fazer quando for a hora".

Por que será que as pessoas não assumem a própria ansiedade e têm uma preocupação racional com as DSTs? Porque:

- Quem se importa com a vida (sexual) anterior de seu parceiro?
- Quem quer saber se o parceiro atual tem uma vida (sexual) com outra pessoa?
- Quem quer contar a verdade sobre sua vida sexual anterior ou atual?
- Quem quer usar camisinha por muito tempo?

Por volta dos 50 anos de idade, um quarto da população norte-americana contrai o vírus do herpes genital. Anualmente, mais de cem mil pessoas são infectadas por clamídia, uma DST muito comum. Se você tem essa DST ou outra qualquer nem por isso é uma pessoa suja. Mas terá de se tratar e falar sobre a doença.

Quando tanta gente morre de doenças associadas ao HIV, não se pode dizer que o preconceito e o isolamento sejam as piores consequências do vírus. Mas os fatores de risco para contrair o HIV são amplamente divulgados e, estatisticamente, os heterossexuais não são os que estão mais expostos ao vírus. Os hétero não monogâmicos e os gays podem se proteger do HIV tomando decisões sensatas tanto em relação ao sexo quanto ao estilo de vida.

Eu recomendo:

- Levar em conta as vantagens de confiar fielmente em seu(s) parceiro(s) sexual(is). Os benefícios superam de longe a proteção contra as DSTs.
- Ver se seus hábitos sexuais – presentes e passados – põem você em risco para o HIV/Aids. (Isso inclui os hábitos do parceiro.) Nesse caso, faça o teste (é sigiloso e grátis em muitos lugares) imediatamente e veja se não vale a pena mudar seu estilo de vida.
- Faça exames de sangue frequentes para detectar as DSTs mais comuns. Informe seu parceiro dos resultados, mesmo que sejam negativos (isso o animará a também fazer o teste).
- Saiba como extrair o máximo de prazer do sexo quando não estiver usando camisinha (sim, existem alguns truques).[5]
- Se estiver em seu período fértil, leve a sério o controle da natalidade. O *método* é mais importante que uma DST.

---

[5] Para os iniciantes, use o tamanho certo; compre marcas diferentes e compare. Acaricie e beije o parceiro enquanto a camisinha é colocada. Pingue algumas gotas de lubrificante à base de água (e não de óleo) dentro e fora da camisinha (para permitir a transferência de calor e pressão – em outras palavras, de sensação). De vez em quando, você e seu parceiro devem checar se a camisinha está bem firme na base do pênis – uma ótima oportunidade para acariciar o tão esquecido escroto ("as bolas", o "saco"). Se quiser outras dicas, consulte um livro de sexo específico para adultos.

Marte e Vênus – ou Terra?

O último componente do conhecimento implica desafiar a visão convencional sobre homens e mulheres.

Embora estejamos acostumados à expressão "sexo oposto", eu prefiro usar "o outro sexo" ou "o outro gênero". Afinal, homens e mulheres não são opostos. Na prática, não há nada neste mundo que se assemelhe mais que homem e mulher. O que mais se assemelha a um homem? Um peixe, um abacaxi, um barco a remo, um suéter, um toca-fitas, um copo de limonada gelada? Não. Quem mais se assemelha ao homem é a mulher. E vice-versa.

A ideia de que homens e mulheres se comunicam das formas mais variadas possíveis talvez tenha algum fundo de verdade, mas o "todo" é mais importante: sexualmente, homens e mulheres querem as mesmas coisas, ficam ansiosos pelas mesmas razões e sonegam a comunicação da mesma forma. Homens e mulheres se envergonham de ter herpes, ficam tímidos de pedir ao outro que acaricie seu ânus e não sabem pedir "ah, vá mais fundo" ou "por favor, mais devagar!" ou "vá escovar os dentes!"

Lembremos que existem mais de dois bilhões de homens e mais de dois bilhões de mulheres adultas neste planeta. Isso faz dos "homens" e das "mulheres" de hoje em dia as maiores categorias jamais vistas. Se você contar com essas categorias para entender seu parceiro ou a si mesmo, vai ficar em desvantagem.

Existe alguma coisa que você possa tomar como certa quando faz amor com um homem ou uma mulher? Bem, todo mundo precisa de oxigênio para respirar, mais cedo ou mais tarde todo mundo terá de ir ao banheiro e todos têm um limite para a dor. É claro que a necessidade individual nesses três departamentos varia amplamente.

E outras são *quase*-certas: todos querem se sentir especiais, todos querem ser atraentes e todos querem ser competentes. Então é possível fazer suposições nessa direção, mas preste atenção para o caso de seu parceiro não fazer parte dessa "maioria".

E você? Conheça-se; não se inclua em determinada categoria e não permita que seu parceiro o faça. Se ele disser: "Isso é coisa de mulher", conte a verdade: "Faço isso porque quero". Se você é daqueles que não pedem orientação quando estão perdidos, não é porque é homem, mas porque é tolo. E uma mulher que gasta milhões em uma loja de sapatos não é como todas as mulheres – é irresponsável.

O conceito Marte-Vênus segundo o qual homens e mulheres são criaturas totalmente diferentes interfere em nossos relacionamentos e nos impede de confiar e ter prazer. Como é possível ter um relacionamento importante quando cada um vem de um planeta?

E se homens e mulheres são tão parecidos, por que tanta gente considera o "sexo oposto" um problema? Deve ser algum erro compreensível de distância e de foco. Se você perguntar aos gays quem os tira do sério, eles dirão que são os "homens". Se perguntar às lésbicas quem as tira do sério, elas dirão que são as "mulheres". Porque esses são os gêneros pelos quais eles se sentem atraídos sexualmente. E nós, heterossexuais, achamos que o outro gênero é o problema.

Todo mundo já teve experiências amorosas negativas e vez ou outra se desiludiu com o parceiro. Atribuímos à pessoa que amamos, confiamos, idealizamos e que tanto nos decepciona uma série de características negativas; ela pode ser egoísta, impulsiva, mandona, passiva, traiçoeira, manipuladora e não nos ouvir. E como os heterossexuais são a maioria, a seguinte formulação se aplica: homens e mulheres são "opostos" que vivem traindo seus sonhos. Mas o que eu acredito que as pessoas queiram mesmo dizer é: "Não é fácil manter um relacionamento íntimo! Meu parceiro está longe de ser perfeito e não para de me criticar!"

Esta história ilustra o que acontece quando as decisões conjugais e sexuais são baseadas em "conhecimento" não factual – embora ambos insistam que seja. É o oposto da Inteligência Sexual.

William e Hong nasceram e cresceram no Vietnã, onde seus pais ainda vivem. Sem se conhecerem, foram fazer faculdade em San Francisco, onde passaram a viver e construíram suas vidas. Eles acabaram se conhecendo, e embora não fosse exatamente um casamento arranjado, ambos queriam se casar com vietnamitas. Hong já era divorciada e oito anos mais velha que William; eram duas personalidades completamente diferentes que se uniram em casamento poucos meses depois de serem apresentadas.

Então começaram a manter relações sexuais. Todas desajeitadas e frustrantes, e após seis meses de tentativas, o entusiasmo de ambos começou a diminuir. E assim, com apenas dois anos de casados, eles vieram me procurar.

William era um rapaz inteligente, simpático e agradável, mas tinha opiniões tão rígidas que rejeitava qualquer discussão ou contradição. Foi nesse tipo de casamento que Hong se envolveu. De nada adiantou a terapia – William me disse várias vezes que ele conhecia bem os vietnamitas e eu não. Quando Hong se queixava de que ele insultava não só a ela, mas a todos os vietnamitas, ele mudava temporariamente o registro – desprezava o que eu dizia com um falso "todo mundo tem sua opinião e só estamos de acordo quando discordamos".

Era um agravante, principalmente porque os dois estavam sofrendo, eu gostava deles e queria ajudá-los.

E o que William "sabia" sobre sexo?

- As crônicas discussões financeiras do casal não deviam interferir no desejo e na vontade de fazer sexo.
- O desejo dele tinha diminuído em parte porque ele estava ficando "velho" ("Estou do lado errado da casa dos trinta", dizia).

- Uma mulher "mais velha" como Hong não devia sentir tanto desejo sexual.

- O sexo marital devia focalizar o intercurso, e o fato de Hong querer "variar" (e no caso dela, sexo oral), não fazia parte da "tradição vietnamita". Portanto, ele não tinha de satisfazer esses interesses sexuais.

Entre uma sessão e outra eu me planejava para lidar com William. E mesmo assim, semanalmente me via discutindo os argumentos dele. Às vezes, falava sobre narrativas e realidade construída, mas não chegava a lugar nenhum, porque William estava convicto de que dizia a verdade e não simplesmente expondo seus pontos de vista. Então eu argumentava que o desejo de uma mulher de 45 anos de idade é "normal", que no casamento é comum a cunilíngua, explicava o funcionamento do sistema nervoso no ser humano, e assim por diante. Semana após semana Hong e eu revivíamos exatamente as mesmas coisas que tanto a incomodavam.

Hong não concordava com o modelo tradicional, mas se esforçava para ser uma boa esposa vietnamita. E ao fazê-lo, seu ressentimento crescia, seus direitos (ele não era só teimoso e narcisista, mas era um garoto mimado) eram desrespeitados de tal maneira que ela oscilava entre retrair-se e explodir de raiva. Isso deixava William perplexo: ele se magoava com as reações dela e exigia desculpas – e ela se enfurecia ainda mais.

Era evidente que o casal tinha parado de fazer sexo.

Eu tentei explicar a William que, ao menos aqui, no mundo ocidental, um bom relacionamento sexual era algo que dois adultos construíam em colaboração, mas ele não queria ouvir. Mais adiante, eu o incentivei a conversar com outra pessoa que lhe apresentasse fatos mais desafiadores, mas ele também não quis. Disse que me respeitava e que, se tivesse que reconsiderar seus "fatos", faria isso comigo. Foi um elogio, porém frustrante.

Por fim, sugeri que Hong dissesse a William que ela se sentia invisível para ele. Ele aceitou. Eu perguntei como esse sentimento se comparava aos papéis tradicionais da mãe e da avó que ela conhecera no Vietnã. "É a mesma coisa", ela disse, em um tom amargurado. "Quando menina, minha avó aprendeu a regra das três obediências (ao pai, ao marido e ao filho). É assim que minha vida deve ser?". E quanto à mãe? "Meu pai a ameaçava com o divórcio se ela não tivesse um filho homem. E certamente ela era escrava dos pais do meu pai. A realidade dela não interessava a ninguém naquela casa."

Quando perguntei a William que tipo de vida ele gostaria de ter, eu disse que era solidário com o dilema dele: ter um lar tradicional vietnamita ou um americano, mais moderno? No primeiro caso, sua palavra era lei, e seus "fatos" eram fatos. No segundo, sua palavra equivalia à de sua esposa e seus "fatos" podiam ser contrariados a qualquer momento. Ele ficou pensando por um tempo. "Não tenho certeza", respondeu lentamente. "Quero meu casamento, mas não gosto de ser questionado nem de admitir que estou errado."

E se por isso mesmo o sexo fosse menos prazeroso para ela, e para ele, e interferisse no prazer? "Talvez seja necessário", ele admitiu, "mas não é bom". Foi William quem sugeriu que eles continuassem a me ver, mas era difícil fazer progresso com alguém que "sabia" – erroneamente – tanta coisa quanto ele.

* * *

William e Hong eram os responsáveis por seus problemas conjugais e sexuais. Quando as pessoas entram em conflito, é essencial separar fato de opinião, e opinião de ignorância e preconceito. Como marido, William acreditava ter o privilégio de não precisar examinar seus "fatos" – ou seja, seus princípios, suas crenças e suas superstições – a respeito de sexo e de gênero. O que, obviamente, impossibilitava toda e qualquer mudança.

Diversidade sexual

Apegado aos seus inúmeros e irredutíveis pontos de vista (e dizendo que não eram irredutíveis), William não aceitava a diversidade sexual – a ampla variedade de expressões da sexualidade humana. Suas opiniões sobre como os outros deviam viver, e como ele achava que viviam, eram obstáculos para uma vida sexual e um casamento satisfatórios.

Examinemos alguns fatos reais sobre essa diversidade. Talvez possamos ajudar William a relaxar durante o ato sexual e a entender melhor sua parceira e suas experiências.

- Em se tratando de sexualidade, a diversidade é a regra, não a exceção.
- Na família humana, a dimensão da sexualidade é variada – desejos, fantasias, níveis de conforto, riscos, orgasmos, conceitos de virgindade, estruturas dos relacionamentos sexuais, o que é considerado "imoral", entre outros.
- O contexto psicológico do comportamento é o que deixa o sexo mais excitante. Aí estão incluídos, entre outros, assumir papéis, representar fantasias, usar trajes, ver (ou praticar) pornografia, usar códigos ou ser observado por outros. Para alguns, agarrar o pulso, um simples sutiã preto ou palavras como "me bata, paizinho" ou "não devíamos fazer isso", transformam um fato ordinário em algo carregado de emoção. Para outros, são tolices que nada têm de sensual.

- Milhões de adultos ocidentais praticam o "jogo de poder erótico" – espancamento consensual, olhos vendados, jogos de dominação, humilhação controlada, estimulação intensa, privação sensorial e outros.

- Não dá para afirmar que os interesses sexuais de uma pessoa têm origem no que você sabe sobre ela. Por exemplo, alguns gostam de jogos sexuais violentos e tiveram um passado violento, enquanto outros que também gostam tiveram uma origem tranquila e cercada de amor. Senhoras e senhores respeitáveis revelam-se obscenos e insanos entre quatro paredes.

- "Homens" e "mulheres" são categorias heterogêneas – e não antecipam muita coisa sobre a sexualidade dos que estão inseridos nelas. Na prática, todas as categorias são assim quando se trata de sexo – têm valor limitado.

Eu chamo a isso de "diversidade" e não de "normalidade" (ver Capítulo 2), porque não é meu objetivo diminuir sua ansiedade pela normalidade. Pelo contrário, quero que você não *dê importância* ao fato de ter uma sexualidade normal – mas que seja como você é. Quero lembrá-lo sobre a ampla gama de coisas que as pessoas fazem; muitas dessas coisas não têm nenhum sentido para você – da mesma maneira que certos hábitos seus não fariam sentido em outras culturas e em outros momentos históricos.

Por exemplo, uma paciente chinesa que veio estudar nos Estados Unidos há 13 anos me contou que a primeira vez que viu dois adultos se beijando apaixonadamente foi no portão de desembarque do aeroporto de Los Angeles. Durante um tempo ela achou que os norte-americanos não só gostavam de beijar, mas de fazê-lo em público. Um bando de ósculo-exibicionistas!

Em todo o mundo, muita gente não costuma tirar a roupa

para fazer sexo. Nós não podemos imaginar que algo assim possa acontecer – pois estaríamos impedidos de desfrutar um dos grandes prazeres do sexo, que é o toque da pele. Qual dos dois é mais normal? Pergunta errada, porque a resposta é: tanto faz. O que importa é que você e seu parceiro se sintam confortáveis. (Para aumentar seu vocabulário erótico, veja algumas sugestões no Capítulo 3.)

A questão da "diversidade" é especialmente importante se você é daqueles que de tempos em tempos diz que seu parceiro não é normal ou precisa se defender dessa acusação.

A Inteligência Sexual exige que você aceite o conceito de diversidade sexual. Isso não significa que você deva aprovar todas as práticas sexuais – embora ninguém necessite de aprovação para fazer ou deixar de fazer o que quiser.

Quem aceita o conceito de diversidade sexual entende que os *valores* subjetivos de uma pessoa, uma comunidade, uma cultura determinam o que é considerado sexualmente "normal" e não uma verdade absoluta. Pessoas e comunidades podem dizer que seus valores e julgamentos são inspirados ou ditados por "Deus", pelo "senso comum", ou pela "natureza", mas todos eles são subjetivos, determinados por seres humanos, com preconceitos humanos.

É claro que você pode escolher o argumento tradicional e defender certas normas e verdades que são aceitas coletivamente (sejam elas quais forem). Mas lembre-se de que se você disser ao seu parceiro que as preferências, fantasias e limitações dele não são "normais" (em vez de dizer que se sente desconfortável com elas), criará um problema. Ou seu parceiro concordará e se afastará de você, ou discordará, mas em ambos os casos você estará diante de um conflito insolúvel e doloroso. Dizer para o outro que você sabe o que é "normal" é fazer um jogo de poder que acabará desgastando a intimidade.

Se você avaliar *a si mesmo* por algum padrão imaginário do que é sensual, também criará problemas. Estará ignorando sua individualidade e se comparando com gente completamente estranha. Afinal, você não é "aquela gente", você é você. Portanto, sua sexualidade não precisa se assemelhar à de mais ninguém.

Aliás, alguns séculos atrás ou há milhares de anos, você seria considerado tão normal quanto uma gota de chuva. Mas isso não tem mais importância.

CAPÍTULO 5

O coração
Habilidades emocionais

Rowena me consultou porque estava com medo. Ela foi pega fazendo sexo no escritório com um técnico de informática, durante o expediente. O chefe exigiu que ela fosse se tratar imediatamente dessa "compulsão" ou seria despedida.

A jovem funcionária de 26 anos tinha conhecido o rapaz no dia anterior. Periodicamente, ela fazia sexo semianônimo, semipúblico. Embora fosse atraída pelo perigo que esse tipo de sexo oferecia, ter sido pega em flagrante a tinha alertado. Tratava-se apenas de uma jovem que gostava de sexo ou havia algo errado?

Ela me contou que era casada e amava o marido, José. "Mas a lua de mel terminou", ela disse, balançando a cabeça. "Talvez não devêssemos ter casado. Será que sou viciada em sexo?"

"Não acho que 'viciado em sexo' seja uma categoria", eu disse a ela. "Mas algumas pessoas têm problemas psicológicos – desordem obsessivo-compulsiva, desordem bipolar, personalidade limítrofe. Pessoas 'compulsivas' são as que se expõem sexualmente, mas não gostam das consequências de suas decisões. Elas dizem que perdem o controle – são sexualmente 'compulsivas'."

Rowena não era "sexualmente compulsiva", mas tinha expectativas não realistas em relação à vida e ao sexo. Nós conversamos sobre a necessidade que ela sentia de ter aventuras, de correr riscos, ter novos parceiros sexuais. Mais importante, falamos que por mais que ela fizesse sexo, mais vontade sentia de fazer, e que o próximo encontro casual não demoraria a acontecer. Talvez isso fosse uma pista, eu disse, de alguma coisa a mais.

"Você quer dizer que, apesar de me masturbar duas ou três vezes por dia, ainda continuarei excitada?"

"Exatamente. Talvez você esteja procurando no sexo alguma coisa que o sexo não pode lhe dar. E isso a impede de sentir prazer quando faz sexo com seu marido."

No decorrer da conversa ela começou a se defender.

"Você acha que todo mundo deve casar, não é? E que sexo casual é só para homens. Talvez você não seja o grande terapeuta a favor do sexo que todos dizem ser."

"Francamente, para mim tanto faz que você esteja ou não casada. Estou mais interessado em que você leve uma vida íntegra, seja lá o que isso possa significar."

Peguei-a de surpresa e a fiz parar para pensar. Após um momento de silêncio, ela disse: "Sabe, meu primeiro pensamento foi: 'Tanto faz ficar ou não casada'. Isso seria uma estupidez?"

Esse era um padrão que se repetia entre nós: ela se zangava comigo porque eu não a compreendia, mas acabava aceitando que fora impulsiva e retomava emocionalmente nossa relação.

Inconscientemente, ela também usava sua sexualidade em relação a mim. Embora eu soubesse que ela não tinha nenhuma intenção sexual comigo, Rowena sempre dava um jeito de dizer que "adorava sexo oral. Sou muito boa nisso". E me olhava para ver se eu ficava constrangido, incomodado.

Rowena queria me transformar em uma mãe controladora para poder se rebelar. Percebi aí um eco de sua infância e uma mãe rigidamente católica que a oprimia. Mas Rowena bloqueou esse ressentimento adolescente porque sua mãe era uma mulher doente, física e emocionalmente, e por cuidar dela, teve pouco tempo para se rebelar – e receber qualquer atenção positiva.

Houve um desfile de tutores espanhóis, carteiros, mecânicos de automóveis, prestadores de serviços e até um dentista.

"Se quiser continuar casada, você terá de encontrar um meio de se sentir importante, amada e bonita, e que não envolva sexo casual", eu disse. "Não deve ser uma tarefa fácil."

Não era mesmo.

"A única maneira de sair dessa é crescer", ela quase sussurrou. "Como faço isso?"

Avancemos nossas doze sessões seguintes. Foram meses difíceis. Rowena está aprendendo a prestar mais atenção ao seu estado interior, a identificar o alimento emocional que ela precisa a cada momento (exercício, abraços, risadas, meditação, autoconfirmação, tempo dedicado aos amigos que gostam dela, entre outros) e está aprendendo a conversar mais com o marido: quando está entediada, quando precisa que ele se abra, quando quer se rebelar, mesmo que para isso tenha que criar um adversário.

E o casal está conversando mais sobre sexo. Eles fizeram um trato: ela irá com menos sede ao pote e ficará mais presente emocionalmente durante o sexo, se ele fizer o mesmo.

"Tenho medo", ela disse. "Até hoje, nunca pensei que pudesse ter medo de sexo. Estou progredindo, não estou?"

* * *

Muitos não querem ir para a cama quando estão com raiva ou mágoa do outro. Então, para um sexo prazeroso, é preciso saber resolver as questões não sexuais que surgem durante a semana. E não se deixar abater pelo que possa acontecer durante o sexo.

Todos nós temos habilidade emocional para desenvolver relacionamentos que justifiquem deitar-se ao lado de alguém. Caso ainda não tenha percebido, se você não for uma pessoa confiável, cooperativa, autêntica, respeitosa e carinhosa – mesmo que esteja especialmente no clima –, não serão tão frequentes as vezes que você e seu parceiro estarão dispostos a fazer sexo.

Também precisamos ter habilidade emocional para transitar pelos eventos emocionais e normais que possam ocorrer na cama – como sentir-se sozinho e abandonado, julgado ou criticado, envergonhado, desajeitado, inadequado ou decepcionado com o parceiro. Se você entrar em crise cada vez que seu parceiro não tiver orgasmo, ou cada vez que se sentir gordo, ou toda vez que não conseguir estabelecer o elo emocional de que gostaria, o sexo será cada vez menos agradável – e cada vez menos frequente.

E eu nem mencionei coisas mais específicas que podem acontecer durante o ato sexual, como ter cãibra no pé, molhar a cama, ter de parar no meio ou ter um orgasmo inesperado. Você tem habilidade emocional para lidar com situações como essas? Com o tempo, isso se tornará definitivamente mais importante que ereções confiáveis ou lubrificação imediata.

Esses eventos dizem respeito às emoções – e não ao sexo ou a nossa genitália. Como em qualquer outra atividade (ir a uma festa, ao cinema, sentar na praia, ouvir música), durante o sexo nosso corpo faz o que faz; somos nós que acrescentamos significados ao que acontece (ou não acontece) e *isso* pode criar um problema. Os eventos emocionais também implicam interpretar o comportamento do nosso parceiro, seja a falta de orgasmo, seja a maneira como o outro nos olha quando nos despimos, seja a recusa em nos tocar de certa maneira ou aceitar que o toquemos.

A mesma habilidade que ajuda você a se controlar quando seu parceiro esquece seu aniversário ou quer assistir à final do campeonato quando você quer ir ao balé, também ajudará você a se controlar quando seu parceiro não fizer o sexo oral que você está esperando ou se nega a ver pornografia do seu lado.

Muitos terapeutas sexuais dizem que grande parte do trabalho deles não tem nada a ver com sexo. Eles ajudam as pessoas a desenvolverem habilidades de relacionamento e maturidade pessoal que resultarão em uma cooperação muito mais fácil. Mas isso leva tempo e nem sempre as pessoas têm paciência suficiente.

Eu não consegui chegar a esses termos com Zena e Lamar.

A angústia que Zena sentia com a falta de interesse em sexo de Lamar trouxe os dois ao meu consultório. Talvez a palavra "angústia" dê uma ideia errada. Ela estava zangada, acusadora, irônica e, às vezes, até insultuosa. Acredite ou não, nada disso o deixava mais interessado a fazer sexo com ela.

Ela tinha inúmeras razões para estar desapontada. Ele era o que as pessoas costumam chamar de um sujeito desmazelado – largava as meias e as cuecas jogadas em qualquer lugar. Jamais fechava ou tampava qualquer coisa – tubo de pasta de dente, manteigueira, gavetas. E não só ficava se coçando, como também soltava pum e arrotava à vontade, além de rir quando ela reclamava.

"Você é imaturo!", ela o acusava nas sessões. "Você é controladora", ele se defendia. "É mal-educado", ela decretava. "Não tem senso de humor", ele a acusava. Seis semanas se passaram nesse clima, e eu comecei a esperar que eles ligassem para cancelar a próxima sessão ou desistissem da terapia.

Se com Lamar não era fácil, com Zena era ainda mais difícil de trabalhar. Sempre que eu tentava processar a hostilidade do casal, ela se voltava contra mim. E quando percebi que o objetivo dela de fazer o marido sentir-se mal ("assim ele mudará") estava criando outros problemas, ela me atacava. Após outros incidentes igualmente desagradáveis, comecei a me afastar dela. É claro que Lamar também fazia o mesmo, o que a deixava ainda mais zangada. Então, em uma sessão me levantei e falei que não tinha certeza se devia ou não comprometer Zena – ou seja, contar a verdade a ela –, assim como imaginava que Lamar também não tivesse. Achei que descrevendo minha própria dinâmica em relação a eles poderia oferecer alguma coisa que os ajudasse. Infelizmente, ela reagiu com um "vocês, homens, são todos iguais", anulando completamente minha individualidade ao me incluir em uma categoria, ao lado do marido e outros dois bilhões de imprestáveis.

Não, eu não gostei nada disso. Mas certamente estava sentindo na pele como era manter um relacionamento com ela.

Descobri que dava mais resultado explicar as coisas a Lamar do que a Zena; ela não só ficou menos defensiva, mas gostou da ideia de que eu estivesse "trabalhando com ele, que tinha mais problemas".

Mesmo assim, sempre que eu me aproximava um pouco mais da questão sobre a maneira como ela o tratava, ela ficava terrivelmente perturbada e começava a se defender. Por fim, tive de dizer: Quando as pessoas não se dão bem fora do quarto, geralmente elas têm sérios problemas dentro dele – e muito mais com o que acontece lá dentro. Ela balançou a cabeça. E explodiu. Minha impressão era a de que ela estava mais preocupada em ter razão do que envolver-se sexualmente com ele.

No mínimo, queria deixar claro que *não* era culpada pelos problemas do casal, que estava decepcionada com o marido que escolhera, um homem cheio de defeitos. Quando sugeri que para ter uma vida sexual ela teria de assumir algumas responsabilidades pela atual situação do casal, Zena não gostou. Então, gentilmente sugeri que ela se sentia atacada pelo que eu dizia. Foi a deixa para que ela se tornasse sarcástica. Eu reagi, e levou mais um mês para que pudéssemos retomar o assunto.

Zena e Lamar desistiram da terapia sem resolver a questão sexual que os trouxera. E ela fez isso de uma maneira previsivelmente hostil: deixou um recado em minha secretária eletrônica dizendo que eles tinham acabado de ter uma briga, que a terapia era perda de tempo e que Lamar tinha aceitado fazer uma terapia individual ou ela o deixaria. E que eu não esperasse mais um telefonema de nenhum dos dois, porque Lamar concordava com ela.

Zena negou-se até a desenvolver novas habilidades emocionais para melhorar seu relacionamento sexual. Que habilidades são essas que fazem parte da Inteligência Sexual?

Autoaceitação

"A primeira coisa que aprendi sobre sexo foi sentir vergonha."

Ouvi isso de um paciente quando estava iniciando minha prática terapêutica. E nunca mais esqueci.

Se nós não nos aceitamos, é impossível imaginar que alguém nos aceite. Pense nisso – se você não gostar de sua própria comida, quem mais vai gostar? Se você se acha uma pessoa desinteressante, por que alguém acharia você fascinante?

O mesmo acontece com o sexo. Temos que aceitar a nós mesmos – nosso corpo, nossas preferências, nossas experiências, se temos ou não temos orgasmo – para que nosso parceiro nos aceite e goste de nós. Se não nos aceitarmos, ficaremos sempre na defensiva. Alguém disse que você é bonita? Você dá uma desculpa, se defende, desconfia que está sendo tratada com condescendência.

Se você não consegue se aceitar, como vai se aproximar de seu parceiro para criar – e ainda mais para desfrutar – um espaço sexual entre os dois? Se, por exemplo, você tem um medo neurótico de magoar sua parceira com sua masculinidade, vai se afastar e limitar o contato emocional com ela. Sem dúvida ela ficará magoada – exatamente o que você queria evitar. Diante disso, esqueça um sexo relaxado e descontraído – talvez até qualquer tipo de sexo. A autoaceitação é o principal recurso para se desprender do sexo que é orientado para a "normalidade" e para o desempenho. A autoaceitação permite colocar sua própria experiência no centro de suas decisões sexuais, em vez de se enredar na armadilha das ideias convencionais da sociedade que você não aceita. A autoaceitação permite dizer ao seu parceiro que você prefere X (o que você quer) a Y (o que supostamente quer a maioria), para ter um sexo prazeroso.

Da mesma maneira, a autoaceitação lhe dá confiança e relaxamento necessários para que seu parceiro possa ser exatamente como é. Quando ambos são como são, estão na direção certa para ter um sexo prazeroso.

Então, "melhorar a si mesmo" *não* é essencial para ter um sexo melhor. Aceite-se como você é – bumbum grande, pênis pequeno, orgasmo imprevisível, seja o que for –, sem "melhoramentos".

Lembro-me bem de um paciente chamado Christopher, que procurou terapia porque sua mulher se queixava que ele era passivo na cama. Ela insistia em dizer que ele era passivo porque não a achava atraente, mas não era verdade. Christopher simplesmente não tinha vontade de se excitar, de fazer solicitações (e muito menos exigências), de procurá-la como ela gostaria que fizesse.

Christopher foi criado em uma cidadezinha do interior onde sua família possuía um pequeno armazém. Seus pais trabalhavam o dia todo na loja e esperavam que Christopher e seus irmãos os ajudassem. A mensagem de sua infância era simples: a vida é difícil, não permite reclamações, trabalho é tudo, sobreviver é a meta. E quanto aos sentimentos e às necessidades, guarde-os para si.

Aos 17 anos, Christopher refugiou-se em um seminário jesuíta em outro Estado. Embora apreciasse a estimulação intelectual, o lugar não só reforçava a mensagem da família sobre o papel central do sacrifício como acrescentava um dado crucial – o sexo não é uma necessidade legítima. Quando ele saiu do seminário dez anos depois (e se formou enfermeiro), seus relacionamentos foram todos calculados: jamais focados em suas próprias necessidades, jamais fazer qualquer coisa que fosse considerada egoísta e jamais explorar os outros com os próprios desejos.

Ao enfrentar um mundo adulto sem aceitar as próprias necessidades e interesses, Chritopher descobriu que era impossível sentir desejo pela esposa. E descobriu que era igualmente impossível falar da angústia que ele sentia por isso. Nossa terapia estabeleceu um objetivo inicial que parecia simples, mas muito profundo: saber o que ele queria, admiti-lo para si mesmo e depois compartilhar com a companheira. Foi muito melhor que ensinar a ele uma nova posição ou mandar que ela comprasse uma *lingerie* nova.

Confiança

Muitos homens e mulheres me dizem que têm "problemas de confiança". E eu digo a eles, "Ah, então você tem um desconforto em relação à confiança". Deixe-me explicar melhor: é mais fácil mudar um "desconforto" do que um "problema". "Problemas de confiança" me soam como algo muuuito sério – como é possível mudar uma coisa dessas? Além disso, "problemas de confiança" dão a impressão de que o problema é externo, como ser atropelado por um ônibus ou ser confundido com um terrorista pelo segurança do aeroporto. "Sinto desconforto em relação à confiança" traz o problema de volta para a escala humana, em que ele pode ser mudado.

É preciso confiar em muitas coisas durante uma relação sexual: que o prazer é seguro e adequado; que o erotismo não vai descontrolar ninguém de forma destrutiva; que você pode se envolver com alguém e não ser explorado; que seu parceiro está dizendo a verdade quando demonstra desejo, paixão e satisfação ao seu lado.

Mas também é preciso confiar *em si mesmo*. Muita gente ouviu a vida inteira que isso é um erro. Meu paciente Douglas, por exemplo, jamais confiou em si mesmo. Seus pais o menosprezavam, o comparavam (desfavoravelmente) com os primos, vizinhos e outros, e ele cresceu sem nenhum senso de merecimento. Preferia não falar ou pedir o que fosse para não ser humilhado.

Como uma pessoa assim pode criar um vínculo sexual com outra? Ele se preocupava com ereção, com ejaculação precoce ou com não saber beijar. Mas essas questões técnicas eram problemas menores. Por não confiar em si mesmo, ele não confiava nem no sexo nem na própria parceira. Ser traído pela própria genitália era apenas um dos problemas; para ele, a ansiedade e a autocrítica eram o ponto central do sexo. Como alguém pode sentir prazer no sexo?

Acontece que confiar em si mesmo é tão importante quanto confiar em alguém.

Comunicação

Muita gente não percebe que quando os casais têm problemas, a comunicação é tipicamente uma habilidade *emocional*, não *técnica*.

Por mais que você tente se expressar de maneira clara e responsável, é difícil comunicar-se bem quando teme o conflito e o abandono, perde a confiança e não aceita que você e seu parceiro sejam perfeitos. Nesse caso, a comunicação nada tem a ver com técnicas nem com saber ouvir, mas com as emoções, que nos impedem de usar as técnicas e de ouvir. Nesse caso, para melhorar a comunicação temos de cuidar primeiro das emoções.

A comunicação é como qualquer outra atividade, como dirigir, cozinhar ou ainda falar em público. Se você se sente bem fazendo qualquer uma delas, se acha que as pessoas que gostam de você vão recebê-las bem, se não tem medo de cometer erros, você sentirá prazer nessas atividades, fará todas elas bem e até será criativo. Porém, são habilidades meramente técnicas.

Se você *não* se sente confortável sendo uma pessoa que dirige, cozinha ou fala em público sem se preocupar em ser observado e julgado, então sua dificuldade emocional é muito mais importante que as habilidades técnicas. Você não consegue aprender ou praticar tais atividades facilmente, não porque seja incapaz ou limitado, mas porque tem medo ou não se sente à vontade.

E por isso um dos objetivos deste livro é transformar a questão emocional da comunicação em uma questão meramente técnica.

Muitos pacientes meus aprenderam – em revistas, na internet ou com as personalidades da TV – que deviam se comunicar mais ou de maneira diferenciada. Seus parceiros lhes apontam constantemente, e nos mínimos detalhes, o que estão fazendo errado e o que devem mudar. Para meus pacientes, essas exigências trivializam suas dificuldades; e frustrados e desanimados, eles dizem coisas como: "Só quero um beijo e tudo o que recebo é reclamação" ou "não podemos fazer uma única coisa que não nos faça perder tempo nos comunicando?"

Enquanto algumas pessoas se negam a se comunicar ("não é da sua conta"; "para você, tanto faz"; "você só quer me controlar, como meu ex"), a maioria não faz isso. Pelo contrário, quem é verbalmente reprimido ou se esconde por trás de eufemismos é tipicamente tão fechado que a comunicação é praticamente impossível. Para essas pessoas, a comunicação é uma habilidade emocional e não meramente técnica.

É por isso que elas só dão respostas monossilábicas ou jamais iniciam uma conversa. É porque são tímidas e inseguras e não mal-educadas e desatentas.

Manush, por exemplo, era um técnico de laboratório recluso que só voltou a sair muitos anos depois da morte de seu companheiro. Para ele, o principal objetivo da comunicação era evitar que seu atual namorado, Carl, se sentisse entediado. Manush pisava em ovos com ele; na verdade, esperava que os dois tivessem tomado um ou dois drinques para falar de temas mais delicados.

Por falta de prática, e para não perder Carl, Manush vivia procurando "a maneira certa" de se comunicar, em vez de relaxar e mergulhar de cabeça na relação. Ele ainda não consegue aceitar que Carl não se sinta sempre bem com o que ele diz ou queira dizer. E hesitou fazer o sexo mais ousado que Carl propunha porque não queria que isso também desse errado.

Após dois meses de terapia, quando começamos a conversar sobre seu medo de se comunicar, Manush começou a "se soltar". Um "eu gostaria" aqui, outro "talvez pudéssemos" ali. Um leve desafio de vez em quando se Carl tomasse a iniciativa. Um confronto quando Carl afirmava que conhecia Manush melhor do que ele próprio. A princípio ele tinha medo, mas quanto mais Manush se comunicava, mais ele percebia como era importante se comunicar – e como não ter se comunicado por tanto tempo só tinha enfraquecido, e não fortalecido, a relação.

A essa altura fez todo o sentido conversar sobre os aspectos técnicos da comunicação – depoimentos na primeira pessoa (falar sobre as próprias experiências em vez de as supostas intenções do seu parceiro), administração de conflitos (tentar manter o tema e não desencavar velhas feridas), esforçar-se para entender, mais do que para ser entendido (o oposto do que faz a maioria das pessoas em conflito). E aí tudo começou a ficar realmente interessante. O conflito ocasional era causado pelo fato de fazerem pouco sexo – mas, finalmente, o sexo entre eles começou a esquentar. Os dois estavam adorando. Para a alegria de Carl, passaram a usar brinquedos e jogos sexuais que, antes, Manush achava que só serviam para os outros. Que prazer estar errado a esse respeito!

Independentemente do tópico, a meta da comunicação não é satisfazer o parceiro ou tirar o parceiro de suas costas; é estar mais presente e ter mais poder para dar forma às experiências do relacionamento.

Crescer

Gostaria de poder dizer: "Por que você não cresce?!" a alguns de meus pacientes que se esforçam tanto para progredir em nossa terapia – mas é claro que isso não funciona (eu tentei quando ainda era um projeto de terapeuta) e não é uma boa terapia. Quando foi a última vez que você disse essa frase a alguém e a pessoa cresceu?

Mesmo assim, não há nada que substitua o crescimento se você estiver buscando um relacionamento melhor ou gostar mais de sexo. Isso se deve à tendência comum de usar o sexo como substituto para lidar com os medos e as ansiedades da vida adulta.

Quem trabalha esses medos – de não ser atraente, por exemplo, ser irrelevante ou não ser bastante másculo – terá mais facilidade para fazer apenas sexo. Mas quando o sexo está vinculado a preocupações tais como se você ainda é ou não jovem, ou amável, ou importante, o sexo – e sua genitália – ficam sobrecarregados. Esperar que seu pênis determine se você ainda é ou não relevante, ou que o orgasmo afaste o medo que você tem de morrer, é exercer muita pressão sobre partes tão pequenas do corpo humano. Não admira que às vezes o pênis e a vulva se recusem a cooperar.

Lidar com essas questões existenciais é estar em paz com o próprio corpo tal como ele é. Isso implica deixar seu corpo ser o que é durante o sexo e imaginar que seu parceiro o está aceitando. Não há nada mais desconcertante que dizer ao parceiro: "Gosto do seu corpo" (ou parte dele) e ouvir uma resposta como estou muito gordo, muito magro, muito enrugado ou fora de forma. Ninguém quer que sua opinião seja contestada, principalmente se for positiva sobre o corpo do parceiro. Além disso, discutir se um corpo ou parte dele é ou não bonito, só criará distanciamento – em geral, é o oposto do que a pessoa tem em mente quando está elogiando o corpo do parceiro.

Crescer também implica aceitar as tragédias que fazem parte da vida. Quando você aceita, é mais fácil dar a dimensão correta para uma perda de ereção – *não é* nenhuma tragédia. Se você aprender a rir do que a vida lhe conceder, será mais fácil rir das idiossincrasias do sexo e, consequentemente, mais fácil relaxar.

Lembro-me de uma paciente que não conseguia crescer e perdoar o marido por ser quem era – um bom rapaz, mas que nunca soube ganhar dinheiro. Sempre que Elise ficava ansiosa por causa do dinheiro ou sentia inveja das pessoas bem-sucedidas, fazia observações amargas, como comentar que estaria morando em uma casa muito melhor se tivesse casado com o namorado anterior (que era advogado corporativo) e não com Eduardo (um carpinteiro).

Frequentemente aborrecida com as escolhas que fizera na vida, Elise não conseguia manter o desejo sexual por Eduardo. Ela reconhecia que o achava atraente, um amante gentil e paciente, mas a mágoa a impedia de apreciá-lo e desejá-lo. Infelizmente, a terapia não pôde ajudá-la a aceitar a vida que ela própria escolhera – e por razões que só ela conhecia, não estava disposta a escolher outra coisa.

Manter a autoestima sexual diante da decepção

Se você sabe que é um gênio, sua inteligência não será posta em risco cada vez que fizer um trabalho. Se você educa bem seus filhos, sua confiança como mãe não será posta em risco cada vez que os repreender.

Não seria ótimo poder definir o que é sexualmente competente e atraente (ao menos em seu companheiro)? Ao menos sua adequação e autoestima sexual não seriam postas em risco sempre que você fizesse sexo. As reações do corpo durante o ato sexual não "significam" nada; mesmo que você se decepcione se não tiver o que está esperando, sua atitude em relação a si mesmo não mudará.

Se a opinião que você tem de si variar de acordo com o resultado de cada encontro sexual, você vai se pressionar constantemente para fazer sexo "bem" (ereção, lubrificação, orgasmo, ritmo, entre outros) – o que poderá dificultar muito o prazer. Cada encontro sexual passará a ter uma importância exagerada – como se fosse o único momento em que você se reconhece como uma pessoa amada, atraente e adequada. E o encontro sexual passa a ser uma nova oportunidade de fracassar. Quem pode gostar de uma coisa dessas?

Se já é bom que o sexo tenha um significado *pessoal,* será ainda melhor se o resultado de um encontro sexual não determinar nada. Decepção *não* é sinônimo de fracasso. Decepção é uma resposta razoável para a diferença entre o que você é e o que você tem. O fracasso é um julgamento global sobre sua pessoa, como demonstrou a diferença entre o que você quer e o que você tem.

Um exemplo? Os milhões de mulheres que insistem em dizer que se um homem não tem ereção ou se ejacula rápido demais é por culpa *delas*. Essa expectativa pressiona ambas as partes, que acabarão recusando sexo para evitar constrangimento e perda de autoestima.

Tolerar a harmonia inadequada

"Harmonia" é como se descreve a experiência de duas (ou mais) pessoas que habitam o mesmo espaço psicológico ao mesmo tempo. As pessoas se referem a ela de várias maneiras: "estar na mesma onda", "pensar com a mesma cabeça", "tirar palavras da minha boca", "ler meus pensamentos" ou "estar em sintonia".

Na vida prática, as pessoas dizem, por exemplo, "quando cozinhamos juntos é como se dançássemos na cozinha". "Em um bom dia, conseguimos acordar as crianças, vesti-las, alimentá-las e sair de casa sem trocarmos uma só palavra." "Depois que os amigos vão embora, funcionamos como uma máquina bem azeitada para deixar a casa em ordem."

Seja como pais, como uma dupla de tênis, recebendo amigos para jantar, assistindo ao Super Bowl ou jogando cartas em parceria, muita gente almeja a sensação de consonância – ligar-se ao outro em uma experiência comum. É um maravilhoso prazer humano.

Outro jeito de ter a mesma coisa é por meio do sexo, que as pessoas descrevem como "ser acariciado como sempre desejei", "nossos corpos dialogam perfeitamente" ou "fazemos amor como se nos conhecêssemos há séculos".

Mas nem sempre é assim, não é? E para alguns, o sexo *nunca* é assim – desde o momento em que o casal começa a se beijar ou se despe, só o que se veem são cotoveladas e joelhadas. E as pessoas ficam incomodadas e irritadas que não sentirão nenhum prazer que o sexo tem a oferecer.

Para outros, o sexo vai muito bem até certo ponto – e então

não dá mais certo. De repente, um deles começa a sentir-se ofendido, solitário, abandonado, mas em um grau muito superior do que a situação em si poderia provocar (uma perda de ereção, um puxão de cabelo acidental, um desacordo sobre quem fica por cima ou ter cócegas no lugar de uma carícia).

Nesse caso, o sexo é o menor problema do casal. Dependendo do estilo de cada um, acaba provocando explosões verbais ou um colapso emocional, e logo está criado um problema de relacionamento (ou um "drama", na interpretação do outro). Alguns casais parecem tropeçar nesses conflitos, um após o outro.

É difícil ter disposição para o sexo quando você não consegue suportar a decepção da harmonia insuficiente. As pessoas acabam hesitando em tomar a iniciativa ou responder sexualmente. O parceiro também perde o entusiasmo. Como ninguém consegue tirar essa harmonia do sexo (nem de nenhum outro lugar), a cada vez a Inteligência Sexual lhe dá habilidade para suportar *não* ter harmonia quando quiser ou esperar ter.

Embora seja perfeitamente saudável desejar a harmonia durante o sexo, alguns adultos dão importância demais a isso. Talvez porque desejem inconscientemente experimentar uma harmonia mais profunda que nunca tiveram na infância. E se sentirem que merecem tal harmonia, ou se para eles o sexo tiver um significado místico, será insuportável não ter harmonia durante o ato sexual.

Infelizmente, o parceiro pode agravar ainda mais a situação se fizer críticas a uma reação exagerada a qualquer provocação que nem era tão grave. E a pessoa ofendida sofrerá ainda mais porque o parceiro não compreende seu sofrimento.

Como é de esperar, quem não tolera a falta de sintonia, não demora a fazer essa revelação em terapia. Todas as semanas, atendo pacientes que tentam, conscientemente ou não, manipular, reclamar, seduzir ou provocar entrar em sintonia comigo.

Eles querem sinceramente que eu aceite o "convite". Mas em vez disso, eu costumo comentar o desejo deles – o que, em geral, provoca uma decepção que é bastante conhecida em sessão. É quando é possível um crescimento pessoal mais sério – para quem tiver paciência e determinação para examinar seus próprios sentimentos, em vez de insistir em que eu ou alguém fizemos alguma coisa errada. Você verá que essa observação contribuirá para a Inteligência Sexual – a habilidade de sentir prazer no sexo quando a situação não é perfeita.

Lembro-me de ter trabalhado com uma mulher de nome Malika, que nascera em um lar privilegiado de Karachi, no Paquistão. Lá, os empregados eram treinados não só para *satisfazê-la*, mas para *se antecipar* às suas necessidades materiais e emocionais. Criada para ser tratada como rainha, ela nunca aprendeu a lidar com as frustrações do dia a dia. Mas isso não seria um problema se ela tivesse ficado no Paquistão, morando na casa dos pais, ou se casado com um ricaço. Ocorre que ela não fez nem uma coisa nem outra – foi estudar na Califórnia e por lá ficou. Então se casou com um norte-americano – um engenheiro de classe média que não tinha a menor ideia do que o esperava.

Quatro anos depois, ela procurou terapia porque seu marido era um "grosseirão" que a estava deixando maluca com suas "ideias absurdas". Ela não podia sentir desejo por um "pobretão", como ele, que não "tinha estrelas nos olhos".

As primeiras vezes que Malika frustrou-se em terapia, ela verbalizou com todas as letras e da maneira mais arrogante. O trabalho para que ela construísse um relacionamento adulto comigo foi um grande – e lento – passo no sentido de aumentar sua tolerância à decepção, especialmente pelo marido. Ela teve de aprender a dar valor às pequenas satisfações do dia a dia e aceitar que nem todos os momentos da vida são repletos de "estrelas".

Ela queria filhos, por exemplo, mas queria que fossem bem-dotados, disciplinados, se comportassem bem e fossem belos – ou seja, viriam praticamente prontos.

O que isso tem a ver com sexo? Quando Malika aprendeu que era capaz de sobreviver aos momentos imperfeitos – um marido cansado, uma banana amassada, uma garçonete desatenta, um médico atrasado – o sexo real tornou-se mais fácil. Até trabalharmos juntos, o ato sexual era para ela como uma série de ataques aos seus cinco sentidos – não era acariciada como gostaria, o quarto não tinha a temperatura desejada, o marido não estava bem barbeado. À medida que a terapia evoluiu, ela parou de criticar tanto o pobre marido e começou a perceber que gostava de sexo.

Eu soube que estávamos progredindo no dia em que o alarme de um carro disparou no estacionamento sob a janela do meu escritório e ela não interrompeu a sessão. Ao me agradecer por minhas visões (e minha paciência!), ela disse: "Se eu estou conseguindo conversar com você com tanto barulho, acredito que possa fazer amor com meu marido quando nada estiver perfeito".

Isso é usar sua Inteligência Sexual.

E então...

As habilidades emocionais são como oxigênio – invisíveis e ignoradas, a menos que sejam perdidas. Falamos das habilidades emocionais principalmente quando não estão presentes. Mas as habilidades emocionais da vida adulta são essenciais para querer e praticar um sexo prazeroso. Essas habilidades permitem que nos relacionemos com situações sexuais que não são as ideais e que, provavelmente, são a maioria de nossas experiências. E nos permitem lidar com um parceiro que, inevitavelmente, também enfrenta experiências sexuais imperfeitas.

Corpos perfeitos? "Função" perfeita? Tudo isso vale muito pouco no mundo real da expressão sexual adulta. Maturidade, paciência, perspectiva e senso de humor? *Isso*, sim, é sensual.

CAPÍTULO 6

O corpo
Consciência corporal e conforto

Certamente você reconhece essa dinâmica, muito comum entre os casais. É um padrão que se repete tantas vezes na minha frente que decidi apresentar aqui a versão clássica, já destrinchada.

Mais uma vez, Max apoia-se sem querer sobre o cabelo de Trina, aperta demais os mamilos dela, soca seu osso púbico, enfia a língua muito fundo em sua boca e esfrega o clitóris com muita força.

Incomodada (e temporariamente dolorida), Trina critica Max por ser tão grosseiro. Max promete (dessa vez ou da próxima) fazer como ela quer; mas fica ansioso e os ajustes finos que precisa fazer em seu toque tornam-se ainda mais difíceis. Consequentemente, o comportamento de Max não muda o suficiente para que Trina fique satisfeita.

Sempre incomodada, Trina se distancia emocionalmente e o critica ainda mais. A ansiedade de Max aumenta e ele se sente inepto; envergonha-se de não ser capaz de dar prazer a sua parceira.

Frustrada, Trina não lhe dá nenhuma pista que possa ajudar.

Ferido pelo distanciamento dela, Max se afasta.

Trina se sente abandonada e mal-amada.

Magoada e confusa, Trina conclui que Max é o "culpado" por ser incapaz de entrar em consonância com ela fisicamente, o que só reflete uma falta de compromisso da parte dele. Ele tenta "se esforçar ainda mais", mas raramente dá certo. Acontece que Max gosta dela, quer agradá-la e está realmente se esforçando. A interpretação de Trina – de que ele não se importa – o magoa muito. Ele então decide que ela é sensível demais e impossível de satisfazer.

Eles não conversam sobre a tristeza mútua e concluem que têm "um problema sexual".

Agora, sim, os problemas começaram.

* * *

A sexualidade envolve corpos que pertencem a pessoas diferentes. No capítulo anterior, dissemos que os parceiros sexuais gostam quando seu corpo entra em consonância com o do outro e ficam frustrados quando isso não acontece. A Inteligência Sexual nos informa que, para a maioria das pessoas, essa consonância é essencial para que o sexo seja percebido como "íntimo".

Neste capítulo, vamos nos aprofundar nessa consonância, mas veremos o que deve ser feito para maximizá-la e o que pode interferir nela.

Radar tridimensional e nosso sexto sentido

Para que dois corpos entrem em consonância, duas coisas precisam acontecer:

a. Saber como *controlar* os movimentos do próprio corpo (propriocepção).

b. Perceber *como o corpo se relaciona* com o ambiente – o que inclui o outro corpo (consciência cinestésica).[6]

Ambas envolvem a habilidade de perceber o próprio corpo. Mesmo com os olhos vendados, você sabe que seu braço está sobre a cabeça ou solto ao lado do corpo; de olhos fechados, você consegue encostar o dedo na ponta do nariz. Experimente; é divertido. A Inteligência Sexual requer essas habilidades para que você estabeleça uma relação entre seu corpo e o do parceiro sem pensar ou fazer qualquer esforço. Não se trata de "função" ou "disfunção" sexual; trata-se da habilidade dos dois corpos de encontrar o outro e relacionar-se com ele.

Propriocepção é o estímulo sensorial e o mecanismo de resposta que informam o cérebro sobre a posição e o movimento do corpo sem a interferência do pensamento consciente. Seus receptores estão localizados no interior dos músculos, das articulações e dos tecidos conectivos, bem como nos órgãos dos sentidos e no ouvido interno. O cérebro recebe informações sobre o corpo a cada segundo. Ele processa as informações rotineiramente a fim de comandar os movimentos em cada parte de seu corpo, manter seu equilíbrio e modular sua voz. Você sabe quais são os cinco sentidos. A propriocepção é o sexto sentido, seu "senso de posicionamento".

Consciência cinestésica é a noção contínua e em constante movimento de onde seu corpo se situa no tempo e no espaço. Só isso não basta para controlar os movimentos do corpo – você precisa fazer os movimentos certos para realizar o que pretende. Quer se aproximar do rosto de uma pessoa ou deitar sem querer sobre o cabelo dela? Quer sentir o cheiro do peito do outro ou acidentalmente enfiar o nariz em lugar inadequado? A consciência

---

[6] Certamente também é preciso ter habilidade emocional para tolerar ficar tão perto de outra pessoa e outro corpo. Já tratamos dessas habilidades no capítulo anterior e continuaremos a falar sobre elas mais adiante neste mesmo capítulo.

cinestésica é o radar tridimensional do corpo – e, novamente, sem que seja necessário ter consciência o tempo todo.

Uma atividade como esquiar requer tanto habilidade quanto trabalho coordenado: a propriocepção lhe dá o ato reflexo do que seus membros precisam fazer para mantê-lo em pé. A consciência cinestésica permite que você saiba a posição do seu corpo em relação aos esquis e à encosta da montanha de modo a ajustar o ângulo, a velocidade e a direção.

Outro exemplo é o discurso cotidiano. É uma habilidade (física) saber criar um certo volume; outra habilidade (física) é saber como sua voz soa em determinado volume; uma terceira habilidade (cognitiva, e não física) avalia se sua voz está no volume correto para a situação; e então retornamos à primeira habilidade, que é ajustar o volume ao nível que pretendemos. Quando você está em um pequeno e romântico café e o idiota da mesa ao lado começa a gritar ao telefone celular, você não sabe se ele percebe com que altura está falando, simplesmente não se importa ou talvez nem se dê conta da própria falta de educação. Cada uma dessas possibilidades envolve uma habilidade diferente (do idiota em questão).

Como isso está relacionado ao sexo? Por exemplo: a propriocepção dá a noção de como mover os braços para abraçar alguém. A consciência cinestésica permite que você saiba quanto terá de esticá-los e qual a força que deve ser colocada neles para que a pessoa receba o abraço que você pretende dar. E há, certamente, a habilidade social, que é julgar se essa pessoa quer ou não receber o abraço – é uma terceira parte da mesma situação.

Quando os instintos não funcionam muito bem

Este é um tópico que fascina os treinadores de atletas, bailarinas e especialistas em desenvolvimento infantil. Mas a maioria de nós só pode contar com duas habilidades inconscientes – até que haja um problema. Na prática, os déficits nessas duas habilidades provocam várias fraturas nos relacionamentos sexuais. Mas como as pessoas não pensam a respeito desses instintos, elas não percebem que as dificuldades de um ou de ambos poderiam ser a causa de um problema.

Por exemplo, quando alguém tem dificuldades proprioceptivas, tem dificuldade em:

- Saber instintivamente o que as diferentes partes do corpo devem fazer para se movimentar de uma determinada maneira.
- Saber instintivamente qual é a pressão necessária para, digamos, tocar em um braço ou apertar um seio.

Da mesma maneira, se a pessoa tem dificuldades com a consciência cinestésica, não consegue:

- Avaliar com precisão como o outro percebe os movimentos de seu corpo.
- Avaliar com precisão quão próxima ela está do outro, a velocidade em que está se movimentando na direção do outro ou se afastando dele e até que ponto os dois movimentos se assemelham ou divergem.

Esse tipo de problema é descrito como incapacidade de aprendizagem neurossexual. Observe a diferença quando alguém diz: "Por favor, não me toque desse jeito" e o outro responde: "Ora, não há mal nenhum tocar você desse jeito. Supere isso". E é óbvio que quem se frustra com problemas como esses nem sequer imagina que tem essa restrição.

Ao parceiro, a pessoa passa por grosseira, autocentrada e sem sentimentos. O parceiro fica impaciente, ressentido, porque parte do princípio que se o outro prestasse mais atenção e fosse mais sensível, não teria se aproximado dele da maneira errada, puxando acidentalmente o cabelo ou "sussurrando" muito alto no ouvido.

Mas assim como a visão ou a audição de uma pessoa pode não ser boa por mais que ela "preste atenção", o mesmo se dá com a propriocepção e a consciência cinestésica.

Veja um jeito simples de avaliar a si e ao seu parceiro. Sabemos que se alguém costuma pedir ao outro que fale mais alto, essa pessoa deve ter um problema de audição; o mesmo se dá com quem vive se queixando que o parceiro fala muito alto. Se seu parceiro faz "psiu" muitas vezes na cama, ou se fica interrompendo toda hora porque foi chutado, levou uma cotovelada ou foi mordido com muita força, o problema está em uma dessas dificuldades neurossexuais. Nesse caso, o casal precisa saber que a situação é provocada por problemas físicos e não por uma falha de caráter do outro – e se tratar como um problema de aprendizagem.

Sem dúvida, existem pessoas autocentradas e sem sentimentos. Mas quem trava uma batalha genuína com a ausência de instinto em relação ao próprio corpo – conscientemente ou não – deveria explorá-lo em um ambiente cooperativo. É preciso falar sobre essa deficiência e como lidar com ela da mesma maneira que você falaria se seu parceiro tivesse problemas de memória ou déficit de atenção.

Por um lado, um parceiro sexual com alto grau de propriocepção parecerá tecnicamente competente. Por outro lado, um parceiro sexual com alto grau de consciência cinestésica será empático e sensível. O amante ideal, portanto, tem os dois talentos em alto grau (além de cabelos lindos e muito dinheiro, mas isso é outra história).

Porém, ao fazer amor com alguém com baixa propriocepção, você pensará: "Que desajeitado!" ou "Ela não sabe o que fazer na cama". Ou se faz amor com alguém que tem uma propriocepção razoável, mas pouca consciência cinestésica, e daí tem-se a impressão de que "ele é um ótimo atleta, mas não tem nada a ver comigo" ou "ela é boa de cama, mas ainda falta alguma coisa" ou "ele é lindo, mas totalmente voltado para si mesmo". Em geral, criticamos nosso parceiro sexual que carece de uma ou outra dessas habilidades instintivas, porque o comportamento dele reflete traços de caráter ou emocionais que são inaceitáveis – falta de sentimentos, egoísmo, autoritarismo, agressividade, prepotência ou crueldade.

A pior combinação é uma pessoa insensível ("A") aproximar-se de outra que é supersensível ("B"). É como se A tivesse duas opções de toque – um muito forte e outro muito suave – enquanto B gostaria que A tivesse duzentas opções entre esses dois extremos, mas só quer ser tocado em uma delas (e apenas em uma). Similarmente, uma pessoa só consegue distinguir a cor vermelha, enquanto outra pode ver dezenas de tonalidades de vermelho, laranja, rosa e dourado. Agora imagine essa dupla como desenhistas de roupas ou gráficos de *off-set*, ocupações em que distinguir cores é uma habilidade imprescindível.

Infelizmente, o processo pelo qual o cérebro passa para responder às respostas internas do corpo pode ser bloqueado por experiências traumáticas do passado e do presente. A própria ansiedade (inclua-se aqui a ansiedade por ser desajeitado) é capaz de interromper um processo interno de feedback – como sentir-se pressionado durante o ato sexual e tentar desesperadamente fazer determinadas coisas.[7]

Isso faz lembrar aquele jogador que exige tanto de si mesmo que nunca consegue tocar na bola. Em comparação, quando dizemos que um atleta tem melhor desempenho quando está sob pressão, queremos dizer que ele consegue lidar com a pressão externa sem interromper seu processamento, o feedback e o funcionamento motor. Em outras palavras, ele não reage à pressão *externa* criando uma pressão *interna* que lhe seja prejudicial.

Algumas pessoas usam truques conscientes para conseguir a mesma coisa (como visualizações ou pistas de memória). Outras agem de maneira mais natural.

O toque pode ser complicado

Há outro aspecto físico da sexualidade: a afinidade com o *toque*. Algumas pessoas não gostam de ser tocadas, enquanto outras adoram. Ninguém deve se surpreender por isso – afinal, é raro encontrar duas pessoas que gostem das mesmas coisas, seja um pôr do sol, um sanduíche de queijo ou filmes da Gwyneth Paltrow.

Como qualquer outra coisa, desde que nascemos todos nós temos um grau individual de tolerância ao toque. E como reagimos a ele é mais que meramente uma questão de gosto pessoal. As crianças parecem ser mais sensíveis que outras aos estímulos. Elas ouvem, sentem cheiros e sabores e enxergam com mais intensidade,

---

[7] Existem formas de melhorar sua propriocepção e consciência cinestésica. O primeiro passo é procurar a ajuda de um neurologista, um fisiatra, ou um especialista em medicina esportiva. Modalidades como técnicas de Feldenkreis, pilates e Alexander ajudam a aumentar sua consciência corporal e saber como se automonitorar, praticando ioga, tai chi e malabarismo, ou ao lado de um instrutor com os equipamentos de academia.

às vezes de um modo até desconcertante. Esses bebês logo ganham a reputação de serem enjoados para comer e receber cuidados e não gostam de alterações no ambiente (uma luz acesa, barulho externo ou o cheiro do pai quando volta do trabalho).

É compreensível que eles não gratifiquem seus cuidadores com muitos sorrisos e gracinhas, o maior pecado que um bebê pode cometer.

Os bebês ultrassensíveis tentam se comunicar tanto quanto os outros, por meio de vocalizações e gestos, como estender os braços para ir ao colo ou apontar para o brinquedo desejado. Mas são tipicamente menos bem-sucedidos porque são mais ansiosos, têm demandas mais específicas e fazem poucas gracinhas. O maior desejo deles – "menos estimulação, por favor!" – certamente é impossível de ser transmitido, já que é difícil para os pais conceitualizá-los e satisfazê-los.

Avancemos agora uns 30 anos.

Alguns adultos que são nitidamente sensíveis à estimulação expressam desagrado por um certo tipo de toque, por cheiros corporais, pela umidade do sexo e outros. Tem-se a impressão de que eles não gostam de sexo, como também não gostam de música, de comida, de roupas, de fazer compras, da risada dos outros. Mas talvez não seja verdade; pode ser que eles simplesmente não se sintam preparados para suportar a intensidade normal não apenas do sexo, mas de várias outras coisas.

Esse desconforto se tornará um obstáculo se você for do tipo que deseja ser tocado, gosta de intimidade e do prazer sexual, e é frustrado pela natureza fisicamente reservada do seu parceiro. E se estiver convencido de que a implicância do parceiro é com você – assumindo para si a repulsa dele ao toque e ao sexo –, talvez seja impossível ter uma conversa produtiva. A Inteligência Sexual nos lembra que não se deve tomar para si as preferências, as limitações e a "função" do nosso parceiro. Essa é uma das maneiras mais eficazes de nos livrarmos da ansiedade do desempenho.[8]

O lado emocional das questões corporais

Tendo tratado de nosso equipamento físico e seus caprichos, veremos algumas maneiras de nos sentirmos emocionalmente confortáveis com nosso corpo no que diz respeito ao sexo. Isso porque, por mais que tenhamos desenvolvido nossos instintos físicos, ainda teremos de lidar com inúmeras variáveis para sentirmos prazer em um mero encontro sexual.

A Inteligência Sexual reconhece que é uma realidade e oferece ferramentas para você se sentir bem em meio a toda a sujeira que envolve o sexo – seja no sentido literal ou no figurativo.

O sexo é sujo – literalmente

O sexo é inevitavelmente úmido, tem cheiro, suor e, em geral, envolve corpos que não estão muito limpos. Utiliza várias aberturas do corpo, entre elas a boca. E envolve os órgãos excretores – ou áreas próximas –, que processam nossos dejetos diários. Qualquer criança acharia nojento. Para gostar de sexo, você terá de olhar para ele de uma maneira completamente diferente.

Se a maioria das pessoas não sai da linha para não ter um sexo mais sujo do que o necessário, um casal pode decidir que

---

[8] Várias especialidades clínicas oferecem meios bem-sucedidos de aumentar o conforto e o interesse em relação ao toque: terapeutas corporais e ocupacionais; ioga, dança e massagens; psicólogos; terapia sexual com parceiro substituto; e hipnoterapia com visualizações guiadas. Todas essas modalidades podem ser praticadas por casais.

as regras normais do decoro não se aplicam ao sexo. Você e seu parceiro decidem que molhar a cama, babar, grunhir e chorar são aceitáveis e nada disso exige pedidos de desculpas nem explicações. Fazer do sexo uma "zona não vigiada" facilita muito o relaxamento para seu corpo fazer o que quiser – é uma maneira segura de aumentar o prazer, manter a autoestima e facilitar a intimidade. *Isso sim* é Inteligência Sexual.

Os que não suportam sujeira acham o sexo perigoso e procuram se proteger. Alguns exigem que seus parceiros estejam impecavelmente limpos (como eles próprios, é claro) para poder relaxar e desfrutar o sexo mais plenamente. E quem pretende ficar limpo e seco durante todo o ato sexual terá muita dificuldade para sentir o prazer que o sexo pode proporcionar. Por isso, vê o corpo como uma fonte de contaminação, de sujeira, desordem e ausência de regras – tudo, menos uma fonte de prazer. Para esses, o corpo é mais um problema do que um brinquedo.

Então, quando os pacientes que se queixam do sexo usam palavras como *sujo*, *lambuzado*, *ensopado*, *baboso* ou *desorganizado*, eu recorro ao grau de tolerância deles ao corpo e à sujeira em geral. Digo a essa gente limpinha que elas provavelmente estarão dificultando o sexo mais do que o necessário. Se o parceiro também estiver em terapia, lembro aos dois que não devem tomar para si as preferências do outro e que antes de começar a fazer sexo reservem um tempo para relaxar juntos e se concentrar nas partes do corpo do outro que mais gostam. Visualizar o prazer, a calma e a conexão durante o sexo costuma ajudar aquele que estiver mais incomodado com a sujeira que envolve o sexo. Sugiro que ele aprenda a interpretar a umidade e tudo o mais como uma expressão da intimidade e da segurança, mais do que como caos e perigo.

Confiar no próprio corpo

Seu corpo sente o que sente. Às vezes, fica excitado. Outras, não. Você confia nesse julgamento?

Nosso corpo não tem nenhum moralismo, apenas a sensação imediata. Seu dedo não sabe se está entrando em uma parte socialmente "limpa" do corpo do parceiro ou em uma parte "suja"; a língua não sabe se está lambendo uma parte "normal" ou uma parte "suja" do corpo do parceiro.

Se julgarmos nossas experiências físicas por meio do filtro da cultura – isso é sensual, aquilo não é, isso é obsceno, aquilo é normal, isso é doente, aquilo é gay – estaremos negando ao corpo o acesso direto a sua inteligência e percepção puras, não aculturadas. E prendemos o sexo em uma atividade controlada, no hemisfério esquerdo do cérebro, enquanto a Inteligência Sexual nos sugere que o prazer é sentido mais intensamente no hemisfério direito. Infelizmente, durante o sexo, algumas pessoas precisam pensar em cada carícia, cada beijo, cada momento, para "decidir" se gostam, se devem permitir que prossiga, ou se rejeitam porque consideram pervertido, ambíguo, sujo e obsceno.

Observe que essa decisão é diferente de "sim, quero fazer sexo, mas não gosto de certas atividades". Mas é "não me permito gostar porque *sei* o que significa". Ao longo de todos esses anos, tenho visto homens que não deixam suas mulheres beijarem seus mamilos porque "quem gosta disso é gay"; já vi mulheres se recusarem a masturbar o namorado porque "para isso eu tenho a minha vagina"; e tenho visto homens e mulheres rejeitarem um dedo úmido e gentil próximo da abertura anal porque "isso é perversão". Não porque "dói", mas porque é "perversão".

É mais ou menos como provar uma comida diferente durante uma viagem. Alguns provam a comida e a julgam pelo sabor. Outros perguntam do que é feita e decidem comer ou não pelo que lhes parece ser. "Broto de feijão? Vegetais são feitos para olhar, não para comer". "Carne de jacaré? Não vou gostar". "Uma abóbora desse tamanho? É um exagero!" E assim você vai perdendo as melhores coisas da vida.

Se você quer impedir que a vida fuja do seu controle, dificilmente gostará da anarquia de seu corpo (a menos que decida que o sexo é o único lugar seguro para se soltar). É claro que o medo de perder o controle nem sempre está ligado ao sexo – para muitos faz parte de um projeto neurótico inconsciente muito mais amplo. Os terapeutas sexuais estão acostumados a receber, digamos, controladores compulsivos. Esses pacientes nos dizem como deve ser a terapia, como redecorar a sala e por que não mudar a música de fundo da sala de espera. E, em geral, têm argumentos preparados para cada resposta – além de ainda reclamarem que estão perdendo seu tempo.

Limites

Um sexo prazeroso requer permissão para a violação de nossos limites pessoais e aceitação para romper os limites do outro. É claro que isso faz parte do que demanda e facilita a intimidade no sexo.

Grande parte da atividade sexual implica colocar uma parte de nosso corpo dentro do corpo de outra pessoa – uma língua, um dedo, um pênis; uma boca, uma vagina, um ânus. Para muitos, a atividade sexual não passa de uma violação voluntária, temporária, do espaço da outra pessoa. Mas se você não se sentir bem, de nada servirão uma ereção mais firme ou uma lubrificação mais luxuriante.

Você está presente emocionalmente e confortável o bastante para dar um feedback útil ao seu parceiro durante a relação sexual? Se não, como o outro saberá como está sendo sua experiência? Alguns gostam de palavras, outros preferem gestos. Outros imaginam que a fusão psicoerótica é tão completa que cada parceiro simplesmente consegue intuir a experiência do outro. (Isso me faz lembrar a geração paz e amor dos anos 1960.) Para um indivíduo adulto do século 21, não há nada melhor que a comunicação.

Mas algumas pessoas são inibidas e não conseguem se expressar. Imaginam que a experiência delas não será reconhecida e que expressar a própria experiência não é nem interessante nem apropriado (seria o mesmo que dizer, "quero fazer frases completas, mas procuro não usar as letras k e g porque não gosto do som").

Outras preferem não se comunicar durante o ato sexual porque a expressão genuína pode colocá-las em uma posição vulnerável, e isso não é bom. Elas têm razão: alguém pode saber o que você está sentindo. Como terapeuta, eu investigo por que isso incomoda tanto: porque o prazer contradiz a autoimagem de quem se vê como uma pessoa decente e reservada? Ou porque sentir *qualquer* coisa sensual criará um conflito com a autoimagem da pessoa? Algo está faltando no sexo quando não houver uma comunicação verdadeira. Como explicar tanta inibição?

É mais confortável avançar algum limite no sexo (consensual) quando se tem certeza de que tudo acabará quando o sexo terminar – assim como tudo bem disputar uma partida de tênis no fim de semana sabendo que a competição terminará no final do jogo. Batemos uma bola alta quando o adversário estiver de frente para o sol e depois do jogo jogamos as chaves do carro dele no jardim, fora do alcance.

Se os limites pessoais não são respeitados *fora* do sexo, dificilmente serão *durante* o ato sexual. Realmente, quando não há uma divisão de poder saudável em um relacionamento, o sexo é o único lugar onde o homem – ou a mulher – podem dizer não. É claro que às vezes isso é feito indiretamente, alegando uma dor de cabeça, começando uma discussão, alegando cansaço ou se envolvendo em qualquer outra atividade.

O trauma de Salvador tinha pouca relação com sexo. Para divorciar-se dele e se casar com outro, alguns anos atrás, sua ex-mulher o acusou falsamente de agressão, foi aos tribunais para afastá-lo da vida dos filhos e ainda tirou todo seu dinheiro. Ele ficou tão abalado e cansado das infinitas sessões com advogados, assistentes sociais e psiquiatras que acabou perdendo também o emprego. Afastou-se das pessoas de um modo geral e das mulheres em especial.

Três anos atrás ele se envolveu com Elizabeth, uma mulher obesa e solitária, cansada de viver sozinha. Uma coisa que ela fazia questão era de sexo. Outra era ser tocada. Salvadore, na época com 62 anos, não podia dar nenhum nem outro. Então Elizabeth o trouxe para uma "terapia sexual", essencialmente para curá-lo. Elizabeth reclamava de muitas coisas: ele usava roupas velhas que não ficavam bem, não cortava o cabelo, era resmungão, desleixado etc. etc.

Tudo isso era real, mas as constantes críticas de Elizabeth faziam Salvador se lembrar da ex-mulher, que durante anos se queixara de sua inépcia. Sobretudo, estar em um relacionamento lembrava a época em que ele era casado, o que o deixava tremendamente ansioso.

Jamais interessado em trocas de carícias ou sexualidade, Salvador estava tão traumatizado para confiar e se relacionar com quem quer que fosse que suas expressões físicas de afeto e até sua presença física foram sufocadas sob o estresse emocional. Logo percebi que ele tinha bloqueado as ameaças da ex-mulher e as infinitas entrevistas agressivas com autoridades e assistentes sociais por meio da dissociação. Sua mente bloqueou a função psicológica consciente, interrompendo o processamento normal da estimulação externa, além de tê-lo distanciado das experiências que sobrecarregassem sua psiquê.

De fato, uma das razões para ele se dar tão mal diante de juízes e assistentes sociais era a dificuldade de se defender, e a linguagem corporal derrotada, depressiva, aliada à péssima aparência reforçavam a alegação da ex-esposa de que ele não tinha condições de cuidar dos filhos.

Salvadore estava literalmente traumatizado. Seu diagnóstico foi TEPT – transtorno de estresse pós-traumático. Embora o sexo não estivesse na origem do TEPT, sua condição criava problemas sexuais.

Por causa do pesadelo conjugal, ele se dissociava com frequência de Elizabeth, em geral sem aviso prévio. E quando sentia alguma coisa, era raiva. O que provocava raiva nela – que tinha seus próprios problemas, e trabalhar sob pressão na linha de montagem de uma fábrica disfuncional não ajudava muito. Eles brigavam bastante. O Salvadore Passivo se transformava no Salvadore Agressivo. E nenhum dos dois funcionava bem no relacionamento nem tinha prazer no sexo.

Quando estava dissociado, Salvadore não conseguia tocar em Elizabeth e muito menos fazer amor – o que a deixava furiosa. Às vezes, ele atendia às suas súplicas e a acariciava distraidamente, ou admitia o sexo passivo. Mas ela sempre queria mais, muito mais.

O TEPT dele + o desejo dela = relacionamento difícil

Para que Salvadore sentisse mais desejo por sexo e mesmo pelos toques, a terapia deveria trazer seu corpo de volta à vida e aos relacionamentos. Para isso, teríamos que trabalhar algumas coisas:

- Identificar Salvadore como portador de um TEPT.
- Entender o significado da "dissociação" e seus impactos.
- Elizabeth deveria reconhecer que Salvadore não a rejeitava.
- Salvadore deveria reconhecer o que significava para Elizabeth estar ao lado de alguém que era fisicamente ausente no relacionamento.
- Os dois deveriam reconhecer que ninguém era "culpado".
- Salvadore deveria aceitar o prazer físico proporcionado por atividades *não físicas*.
- Salvadore deveria entender que Elizabeth *não era* sua ex-mulher.
- Elizabeth deveria parar de exigir – e não porque não tivesse desejo por ele.
- Eles deveriam fazer exercícios de toque estruturados.
- Salvadore e Elizabeth tinham de aprender a reconhecer os sintomas do afastamento emocional dele – e interromper o sexo quando isso acontecia e conversar a respeito.

Após algumas dezenas de sessões dolorosas, Salvadore saiu do transe. "Elizabeth não é perfeita, mas não é minha ex-mulher." Nós três concordamos. "Então não preciso me proteger dela", ele concluiu, finalmente.

Pela primeira vez na história deles, Salvadore falou sobre a experiência de "desligar, fechar a porta e entrar em um estado de ânimo em suspensão". Falou de seu intenso sofrimento – pela traição da ex-mulher, pela perda dos filhos, pela humilhação e pelos interrogatórios terríveis dos "tiras e terapeutas" – e que era mais fácil "não sentir nada, não querer nada, não ser nada".

Esse era o homem que Elizabeth esperava que sentisse desejo, sentisse prazer, sentisse intimidade e fosse conectado com o próprio corpo. Infelizmente, algo impossível para Salvadore no estado em que estava. Mas ele queria mudar. E ainda estamos trabalhando para isso.

Experiência e conforto com masturbação

Oscar Wilde já dizia há mais de um século: "Amar alguém é o início de uma longa vida de romance".

A masturbação é o melhor exemplo disso. Nos países ocidentais, mais de 90% dos homens e dois terços das mulheres praticam algum tipo de masturbação. Em 2009, vários países europeus começaram a incentivá-la como um hábito saudável.

É claro que nem todos pensam assim. Quando discutimos o tema em meu consultório, pergunto aos meus pacientes se eles gostam de se masturbar. Muitos me olham como se eu estivesse louco, "É claro que eu gosto, doutor. Se não, por que o faria?" Mas uma minoria considerável não é assim. As pessoas se masturbam, mas se sentem culpadas, egoístas e infiéis (ao parceiro e até mesmo a Deus), escondem-se para não serem pegos e/ou ficam frustradas se não chegam ao clímax.

A experiência da masturbação é parte fundamental da Inteligência Sexual. Se por um lado a masturbação não é necessária quando o sexo é feito com um parceiro, por outro ajudará muito se em algum momento a pessoa já tiver se masturbado. E se nunca se masturbou, que não tenha sido por culpa, medo ou vergonha.

Antes de fazer sexo com um parceiro, a masturbação ajuda você a se familiarizar com seu próprio corpo e com as sensações de desejo, ereção, excitação e satisfação. Mais importante, ela desenvolve a *atividade sexual*, o conhecimento de que:

- Sua sexualidade lhe pertence.

- Você pode experimentá-la mesmo não sabendo o que acontecerá.
- Pode ter experiências que lhe dão prazer.
- Concentrar-se em si mesmo sexualmente não fará de você uma pessoa egoísta, voraz, pervertida ou compulsiva nem menor ou maior do que você "realmente" é.

Compare a atividade sexual com o que a criança aprende na infância e leva para a vida adulta: que o desejo de se masturbar é vergonhoso e patológico, um impulso doentio ao qual é preciso resistir – algo que fará mal a ela se for praticado.

Há mais uma coisa sobre a atividade sexual que precisa ser dita – você pode se masturbar mesmo estando em um relacionamento sexual. Na verdade, pode até se masturbar se seu parceiro se queixar que não tem a quantidade de sexo que gostaria de fazer com você. Certamente, é uma queixa que não pode ser ignorada, mas por minha experiência clínica, masturbar-se menos não vai aumentar seu desejo pelo parceiro. Seria o mesmo que dizer, "tome menos sorvete para comer mais brócolis". Dificilmente vai funcionar; privar seu parceiro do canal de escape preferido dele não vai aumentar o desejo dele, ou dela, por você.[9]

O próximo passo da atividade sexual é tocar em si mesmo explicitamente *enquanto* faz sexo com o parceiro.

Não conheço estatísticas de quantos homens e mulheres se tocam, mas sei que não é comum. E isso é ruim, porque são muitas as razões para fazê-lo. É claro que o prazer é a primeira delas. Não há nada melhor do que ser tocado da maneira correta – na

---

[9] Quando se deparam com as discrepâncias do desejo ou com queixas sobre o uso da pornografia, muitos terapeutas cometem o mesmo erro – insistem em que o parceiro menos excitado pare de se masturbar para que o desejo pelo outro aumente. Mesmo que você consiga fazer alguém se masturbar menos (algo raro em minha experiência clínica), não vai resolver nada. Veja outros detalhes no Apêndice 1 (escrito para os profissionais e sobre eles).

velocidade, no ângulo, no ponto e com a pressão exatos. E quando você estiver muito excitado – digamos, durante a transa com seu parceiro – essa é a hora para você assumir e proporcionar a si mesmo o que mais gostar. Para mim, isso não é masturbação, porque masturbação é o que você faz quando está só. Chamo de tocar-se-durante-o-sexo-com-o-parceiro. É mais correto, mais sensual e ajuda a vencer a inibição.

Certamente existem outras razões para se tocar durante o ato sexual com o parceiro. Por exemplo, é a melhor maneira de mostrar ao outro o que você gosta. Se for uma mulher, talvez o homem não saiba quanto seu clitóris fica sensível quando você está muito excitada, ou qual o melhor ângulo para introduzir o dedo em sua vagina. Os homens sabem há muito tempo que as mulheres precisam ser instruídas sobre até que ponto (onde e quando) os escrotos podem ser apertados.

Tocar em si mesmo durante o sexo com o parceiro multiplica as possibilidades. São quatro mãos, e não duas. Ângulos e pressões jamais sentidos. O que significa que você não depende do interesse ou da persistência do parceiro. Ele pode jurar que estará presente depois que atingir o clímax, mas às vezes aquele tal hormônio do desinteresse pós-orgasmo toma conta e é imprescindível ter uma mão para terminar o serviço. E se você for daqueles que gosta (ou precisa) de estimulação constante por longo tempo para atingir o clímax, dê um descanso ao parceiro de vez em quando (ou espere que ele dê um descanso a você).

Por fim, tocar-se durante o sexo com o parceiro o encoraja a fazer o mesmo. Se ele nunca fez, ou se tem vergonha até de pensar a respeito, a vida dele, e a sua, vai mudar. Se você já faz, aposto que a sua mudou, não mudou?

A dádiva de estar presente

Algumas pessoas não sabem que para ter prazer no sexo é preciso estar atento. Não é como a TV, quando você pode ligar o piloto automático e deixar acontecer. Bem, talvez você possa fazer sexo no automático se não se importar de que seja como assistir à TV.

Muita gente não sabe como permanecer atenta durante o sexo.

É uma habilidade, como apreciar o sabor de uma comida (em vez de ler ou conversar ao telefone enquanto come e perde a verdadeira experiência do alimento), ou apreciar um bom filme (em vez de ficar pensando que a poltrona é desconfortável), ou, ainda, admirar a beleza de um céu azul (em vez de se irritar com o trânsito).

Há muitas coisas para se ligar durante o sexo. Ouvir as pessoas na casa ao lado? Pensar que sua barriga aumentou? Se devia ter tomado um banho antes? Se seu marido está precisando de uma boa limpeza?

É claro que é ótimo pensar no passado: Como foi da última vez? E da primeira? Como era há dois anos? E quando você soltou um pum enquanto transava e seu namorado caçoou tanto que você achou que jamais iria superar? Ou achava que ele a enganava e mesmo detestando fazia sexo com ele?

William Faulkner escreveu: "O passado não morre nunca. Nem mesmo é passado".

Como se vê por toda parte, muita gente só presta atenção na própria resposta sexual enquanto transa: Estou suficientemente excitado? Excito-me rápido e o suficiente? A ereção está boa? E a lubrificação? Terei orgasmo? O tempo que levei para atingi-lo foi bom? É muita coisa para pensar. E dificulta muito mais prestar atenção nas coisas como elas são, que gosto e que cheiro têm, os ruídos que elas fazem e a sensação que oferecem. É nesse espaço precisamente que o sexo é experimentado.

Muita gente tem medo de habitar o corpo conscientemente. Tem medo de silenciar a mente. Prestar atenção ao estímulo dos dedos, do nariz, dos olhos, é muito... muito... *pessoal*. Muito particular. Para muitos, fazer sexo com o corpo, fazer sexo com a mente quieta, prestar atenção o tempo todo, é íntimo demais. Só o que existe são você e a outra pessoa, mais nada para mediar ou diluir a experiência. E então pensamentos como "acho que meu saco está muito peludo" ou "espero que o sapateiro esteja aberto no domingo", são distrações bem-vindas.

Se você se reconhece nesses exemplos, aconselho a interromper – sim, no meio da relação sexual – o ato sexual quando perceber que não está mais presente. Olhe para seu parceiro e diga delicadamente:

- "Podemos ir mais devagar e começar de novo?" ou
- "Sabe, não estou com tanta vontade quanto achei que estivesse. Vamos tentar outra hora."

Inclua essas frases no seu vocabulário sexual e use-as quando for necessário.

Concentre a atenção no seu corpo durante o ato sexual. Se fosse possível, seria ótimo ter essa frase escrita no teto do quarto.

A pergunta é: Em se tratando de sexo, seria o corpo um problema a ser tolerado, eliminado, vencido, ou é um recurso, um brinquedo, um lócus de prazer, um lugar de integridade? No primeiro caso, será difícil manter-se presente, difícil conectar-se com seu parceiro (e com o corpo dele ou dela), difícil usar o corpo para expressar sentimentos positivos e explorar o *self*.

No segundo caso, tudo é possível. Uma das funções da terapia é ajudar a pessoa a descobrir de quais experiências corporais ela está mais próxima, decidir de qual ela quer se aproximar e saber como chegar lá.

PARTE 3

Implicações e aplicações

CAPÍTULO 7

Deixe para lá
Obstáculos para o desenvolvimento da Inteligência Sexual

Winchester era um rapaz muito simpático – bom jogador de boliche, marido cooperativo, dentista famoso. Ninguém o descreveria como teimoso – exceto eu.

Ele me procurou porque tinha perdido grande parte do desejo sexual e suas ereções eram cada vez menos confiáveis. Amava a esposa e queria sinceramente que o relacionamento deles e a vida sexual dessem certo. Ele a descrevia como uma mulher bonita, tranquila, que gostava de sexo.

"Quero que nossa vida sexual volte a ser como antes. Amo a Janie e quero voltar a ter uma vida sexual normal com ela." Um pedido razoável.

Winchester jogou boliche todas as segundas-feiras por 20 anos, com uma pontuação impressionante. Mas como em todos os esportes, o esforço e o tempo prolongado de jogo cobraram seu preço do corpo dele. A dor nas costas começou antes dos 40 anos e nunca desapareceu. Ano após ano, só piorava – uma dorzinha boba transformou-se em uma aferroada aguda quando ele se virava ou se curvava da maneira errada. E não por acaso, "a maneira errada" era transar na posição tradicional (o homem por cima da mulher) e fazer sexo oral em sua mulher de joelhos.

O resultado: fazer sexo doía. Sempre – às vezes pouco, outras vezes muito. A dor exigia que ele evitasse as posições do intercurso e do sexo oral. Mas lembre-se, Winchester era teimoso, e continuou fazendo sexo em suas posições preferidas, suportando as frequentes punhaladas que se tornavam cada vez mais fortes. De repente, a dor era tanta que o fazia perder a ereção. No fim, ele começou a evitar o sexo.

Mas não admitia isso para Janie. Nós discutimos o porquê dessa recusa em muitas sessões, durante as quais ele reconheceu que ela certamente entenderia. "Mas não quero solidariedade", ele reclamou. "Quero transar com ela como sempre transei. Como homem."

"Mas parece que você não mais pode fazer isso", eu disse com calma. "Há outros tesouros sexuais reservados para você, esse não."

Ele ficou desolado. "Nunca mais vou poder fazer um bom sexo?"

"É claro que vai; mas não como acha que deve ser."

A maioria pensa que só as mulheres às vezes sentem dor quando fazem sexo. Isso não é verdade.

"Winchester", comecei, "seu problema não é tanto sexual, mas espiritual e existencial. Você tem apenas 44 anos de idade e já está confrontando sua condição de mero mortal. Está sendo obrigado a reinventar o que significa ser homem".

Winchester estava prestes a "pendurar as chuteiras", a menos que fosse criativo e reinventasse o sexo e a si mesmo. Mais cedo ou mais tarde, é algo que todos nós vamos ter de fazer. Alguns são bem-sucedidos, outros fracassam; muitos não querem nem tentar e mergulham em amargura, depressão, solipsismo. Eu afirmei que ele conseguiria reinventar o sexo e sua masculinidade. E ele acabou confessando que tinha medo.

"De conseguir ou de fracassar?"

Ele não soube dizer.

Passaram-se dois meses. Muitas coisas foram trabalhadas.

Quando nosso trabalho chegava ao fim, ele me perguntou se podia trazer sua mulher. Eu tinha curiosidade em conhecê-la, é claro. Sempre tenho curiosidade de conhecer a pessoa que está nos bastidores do drama da psicoterapia de uma pessoa casada. Mas não era hora de satisfazer minha curiosidade – infelizmente, nunca é.

"Por que quer trazê-la?"

"Para que conte a ela o que conversamos e para que ela entenda que não estou sendo negligente."

"É você quem deve contar. Não precisa de mim para isso e nem devia querer que eu o fizesse."

"Por quê?"

"Porque faz parte do seu crescimento sentar-se com ela e contar quem você é agora. É hora de vocês se darem as mãos e de ela começar a ajudá-lo. Faça isso, você consegue."

"Seria mais fácil se você fizesse."

"Sim, é verdade. Mas não interessa o que é ou não mais fácil. Às vezes, o sexo é um veículo para o crescimento e nunca a opção mais fácil. É a melhor, mas não necessariamente a mais fácil."

Então ele contou. E ambos tomaram uma decisão: não fariam mais sexo na posição tradicional. Eles choraram – ela também estava perdendo alguma coisa.

"Eu não quero que você se machuque", ela disse. "Ter qualquer ligação sexual com você é muito melhor do que nada. É muito, muito melhor."

* * *

Inteligência Sexual é concentrar o foco no que está certo, antes, durante e depois do sexo. Mas também Inteligência Sexual é saber o que se deve deixar para trás. Obviamente, se você estiver focado em coisas erradas terá muito mais dificuldade para focar as certas.

Vamos então dar nome a algumas dessas coisas nas quais as pessoas costumam se concentrar e explicar por que é importante deixá-las para trás. E depois, no próximo capítulo, conversaremos mais explicitamente sobre o que deve ser focado no lugar das anteriores e como fazer isso.

Ser "normal"

É mais fácil começar por aqui, porque já demos uma boa olhada nessa questão ao longo do Capítulo 2.

Então, só para lembrar: meu objetivo *não* é reassegurá-lo de que, "apesar de diferente, você é uma pessoa normal". Não, tenho intenções mais ambiciosas: quero que você esqueça tudo o que sabe sobre normalidade.

Sei que não é fácil, porque você terá de recorrer ao seu poder de avaliar a própria sexualidade, em vez de tentar recuperar a confiança comparando-se com outros. Então, o que fazer para abandonar essa ideia de que a normalidade sexual muda tudo? Eis um jeito: se você a abandonar completamente, não se sentirá mais próximo de seu parceiro? Não haveria alguma coisa que você devesse conversar com ele sobre sexo?

Aposto que sim. E será bom para sua vida sexual.

Então, eu proponho que você deixe para lá.

O intercurso

O intercurso com penetração é o que as pessoas costumam chamar de "sexo real".

Se você ainda se lembra de como era a vida antes da internet, vai se lembrar também do escândalo Monica Lewinsky, que parecia não ter fim. O ponto alto foi quando o presidente Bill Clinton jurou diante das câmeras da TV, da esposa e de Deus que "eu não tive relações sexuais com aquela mulher".

O fato é que ele estava sendo literal – "relações sexuais" é um velho eufemismo para o intercurso com penetração, o qual aparentemente ele *não* teve com "aquela mulher".

Mas é evidente que fez outras coisas consideradas atividade sexual pela maioria das pessoas. Por isso disseram que Clinton mentiu. Depois ele se desculpou em rede nacional por tentar ludibriar o público – mas enfatizou que foi legalmente rigoroso em relação ao termo.

E quanto ao intercurso? Por que usamos termos tão grosseiros como trepar, transar, comer, dar uma bimbada, fornicar, ir para a cama, meter, martelar, enterrar, dançar um tango na horizontal, foder e tantos outros?

Como se vê, são muitos. E as desvantagens do intercurso são, entre outras:

- É o único tipo de sexo que exige ereção.
- É o único tipo de sexo que requer controle da natalidade.
- Não é a melhor maneira de as mulheres terem orgasmo.
- Pode ser doloroso para as mulheres mais velhas, portanto, doloroso também para os parceiros.
- É a maneira mais fácil de transmitir doenças.
- É difícil encaixar as partes do corpo sem olhar para elas (especialmente se vocês não conversam antes ou durante o sexo).
- Não é necessariamente íntimo (então pare de usar a palavra "intimidade" no lugar de "sexo" e "intercurso").
- Geralmente não excita se você já não estiver excitado.

Mas o problema não é o intercurso em si. É a *relação* com ele – acreditar que é o único "sexo real", a sensação de que tudo o mais são "preliminares" (o sexo de segunda categoria anterior ao intercurso) e que uma vez excitados temos de "ir até o fim" para nos sentirmos bem e satisfeitos. Tal visão restringe nossa flexibilidade e é exatamente o oposto do que muita gente espera do sexo – leveza, espontaneidade, diversão.

Não importa o que cada pessoa entenda como "sexo real", mas fazer do intercurso a atividade sexual número um é gerar um outro problema: o "sexo real" traz sempre o risco de uma gravidez indesejada.

Se você não aceita que qualquer atividade sexual terminará em intercurso, você pode:

- Começar a atividade sexual sem se preocupar com sua "função".
- Desfrutar a atividade erótica sem pensar "onde ela vai terminar".
- Focar nas atividades de que você mais gosta em vez de querer ficar cada vez mais excitado.

Então eu proponho que você deixe para lá.

A hierarquia das atividades sexuais

Para a maioria dos adultos, a competência cultural em torno do sexo implica uma hierarquia: todos sabem que algumas atividades sexuais são, em certos aspectos, superiores e se aproximam mais do "sexo real" do que outras. Note que "ser mais próximo do sexo real" *não* é o mesmo que "ser mais prazeroso". As pessoas podem não concordar sobre quais são as melhores atividades sexuais, mas a maioria adota algum tipo de hierarquia.

As diferentes culturas e os vários grupos étnicos americanos valorizam aspectos diversos da sexualidade, como modéstia, experimentação, autocontrole, recusar-se a conceber, múltiplos parceiros, não sentir dor, submissão feminina, sedução e o orgasmo propriamente dito. Não obstante, é consenso na cultura ocidental que o ponto mais alto da hierarquia heterossexual é o intercurso. Isso significa que, dependendo de cada pessoa, o intercurso pode ser a atividade sexual mais "séria", mais perigosa, mais prazerosa, mais íntima, mais sagrada, mais natural e a mais "normal".

A maioria dos americanos concorda que abaixo do intercurso estão outras modalidades de sexo genital com o parceiro (sexo oral, sexo anal e manipulações, por exemplo), seguidas de masturbação e sexo não genital. Beijar é um fator imprevisível, porque alguns não gostam, acham intrusivo e até brochante; já outros consideram o beijo o máximo da intimidade. (Você pode até transar quando não tem vontade, mas beijar? De jeito nenhum!)

Sexo comercial, sexo pela internet, sexo por telefone, sexo "alternativo" ou "pervertido" (sadomasoquista, por exemplo), fetiches (pés, urinar, usar luvas e outros) – todos eles têm seu espaço. Para quem os pratica, essas atividades são muito excitantes, mas quem não os pratica geralmente coça a cabeça e pergunta: "Mas onde o sexo entra nisso?"

Então, por que dar atenção a essa suposta hierarquia diminuiria nossa satisfação?

Por acreditar que a hierarquia desvaloriza a experiência, as pessoas menosprezam o que fazem (ou foram convidadas a fazer), dizendo que é "brincadeira" e "não é sexo real". A hierarquia também pode atrapalhar o sexo se os parceiros discordarem do significado de uma determinada atividade. (Por exemplo, massagem nos pés: é intimidade ou perda de tempo?)

A hierarquia introduz o sucesso e o fracasso na decisão a ser tomada e na experiência sexual; se você julgar sua aventura sexual em um grau inferior de uma escala de valores, vai se sentir ludibriado e culpado. Similarmente, a hierarquia introduz a ideia de "disfunção": se há alguma coisa que você não deve fazer para ser "bem-sucedido" sexualmente é criar a categoria "não consigo ser um sucesso" – ou seja, disfuncional.

A decisão de colocar o intercurso no ponto alto da hierarquia obviamente tem seus próprios problemas: uma possível gravidez, além da necessidade de um pênis ereto e uma vagina lubrificada. Dar muito valor ao intercurso também supervaloriza o orgasmo e desvaloriza o autotoque com um parceiro, em vez de ser apenas mais uma das muitas possibilidades igualmente eróticas.

Inteligência Sexual implica saber que a hierarquia sexual a que estamos acostumados é um mero artefato cultural com o qual não temos nenhuma obrigação de sermos leais. Por exemplo, há 40 anos Shere Hite documentou que os orgasmos mais fortes em homens e mulheres são tipicamente provocados pela masturbação e não pelo parceiro; e que nas mulheres, a maioria dos orgasmos ocorre com a estimulação do clitóris e não no intercurso. Embora comprovados pela experiência, muita gente prefere ignorar esses fatos e fazer sexo do mítico "jeito certo" – e frustrar-se com os resultados.

Por ser arbitrária, não é surpresa que a hierarquia mude em diferentes épocas. O significado cultural de, digamos, cunilíngua mudou muito nos últimos cem anos. A experiência da perda de virgindade é muito diferente hoje do que há 50 anos. E o significado, a incidência e o lugar que o sexo anal ocupa na hierarquia mudaram muito em apenas 25 anos.

E como a hierarquia se constrói sobre normas sociais arbitrárias, uma determinada atividade pode ter mais valor simbólico do que valor prático para alguém. Ou seja, você acha que deveria sentir mais prazer do que sente em uma dada atividade ou escolhe uma de que não gosta e não quer fazer. (Isso é especialmente verdade se, como muitos hoje em dia, você estiver vendo mais pornografia.) Alguns exemplos disso são sexo anal, gozar entre os seios e o próprio intercurso – atividades valorizadas mais pelo que representam do que pelo prazer que proporcionam.

Quando duas pessoas fazem sexo, é muito difícil elas encontrarem interesses comuns, seus corpos fazerem o que elas querem e terem tempo, energia e privacidade para irem até o fim. Estar muito preocupado em saber se uma atividade é "certa" ou se é aceitável vai complicar ainda mais o sexo – e a própria vida. É muito melhor descobrir do que gostamos, aprender a nos satisfazer e sentir-se à vontade para instruir o outro sobre nossas preferências. Existe um tipo de sexo melhor que outro? Essas antigas hierarquias servem para os contadores, não para os amantes.

E quanto ao sexo oral? À manipulação? Ao sexo por telefone? A masturbar-se em bate-papos pela internet? A frequentar boates de *striptease*? A se excitar lendo um romance? Em todos esses anos, tive muitos pacientes questionando se não deveriam "ter um caso" ou fazer qualquer coisa menos importante. "Isso não é sexo, é digitação", defendeu-se uma mulher sobre suas escapadas em uma sala de bate-papo. Isso me lembra o que Truman Capote disse sobre o livro de Jack Kerouac, *On the road*: "Isso não é literatura, é datilografia".

Então eu proponho que você deixe para lá.

A obsessão pelo desempenho – a agonia do fracasso, a ansiedade do sucesso

Para alguns, não falhar é a melhor coisa que pode acontecer no ato sexual. É o que acontece principalmente com os jovens que ainda não desenvolveram completamente um senso interior de identidade e adequação sexual.

Nós podemos esperar mais que isso.

Homens e mulheres chegam ao meu consultório procurando ajuda, dizendo coisas como "meu desempenho não foi bom" ou "Estou querendo transar com meu novo namorado, mas em razão do fracasso do meu último relacionamento, preciso ter certeza de que não vou decepcionar na cama".

Por que transformar o sexo em um desempenho? Não foi assim que ele começou – fomos nós que o *transformamos* nisso pela maneira como o vemos. É similar a transformar o ato de beber em uma performance – certas pessoas gabam-se de beber mais que outras e caçoam de quem não bebe. Lembro de um paciente que dizia: "Eu consigo beber bem além da conta", o que eu suponho que seja muito. Enquanto outros acham que beber é apenas beber.

Imagine se fizéssemos o mesmo, digamos, com brócolis. "Nossa! Nunca vi ninguém comer tanto brócolis como aquele sujeito. E depois nem solta pum. Que maravilha!"

Monitorar constantemente o desempenho não só desgasta o prazer sexual como dificulta que seja do jeito que você quer. Porque, na vida real, o desempenho não é voluntário; ele faz parte do sistema nervoso autônomo, as respostas não controladas do corpo aos estímulos, interna e externamente. Se você estiver voltado para o desejo de ter um bom desempenho (ou ao terror de não ter), terá muito mais dificuldade para sentir, cheirar, tocar e provar o corpo que está ao seu lado e para ver seu parceiro sorrir.

Não é à toa que os remédios para a ereção fazem tanto sucesso em nossa cultura, em que se enfatiza tanto o desempenho. E não é à toa que jovens *sem* problemas de ereção estejam usando cada vez mais essas drogas. Em todos esses anos, dezenas de pacientes com menos de 25 anos me disseram: "É só para garantir. Se houver alguma possibilidade de eu brochar, eu tomo. Ninguém precisa saber e não faz mal nenhum".

Talvez essas drogas não sejam tão prejudiciais quanto injetar heroína na veia, mas algum mal devem causar. Especificamente, esses jovens que tomam Viagra quando não precisam jamais vão saber que não necessitavam tomar. Não vão desenvolver a confiança em si mesmos, porque quando tiverem as ereções almejadas, vão atribuí-las à droga. Alguns acreditam que o efeito aumente a confiança e que a qualquer momento devem parar de tomá-la; ainda não vi isso acontecer desde que a droga se popularizou há mais de uma década.

Cria-se também um segredo: esses rapazes dificilmente dizem às suas parceiras que estão usando uma droga para ereção; e quanto mais usam, mais aumenta o segredo. E mesmo que nada disso seja pior que heroína, nunca vi relacionamentos com tantos segredos.

Alguns psicólogos argumentam que essas pessoas se atêm ao desempenho para manter um distanciamento psicológico do parceiro. Ou que são tão narcisistas que o verdadeiro objeto erótico delas é o próprio corpo e seu desempenho e não os do parceiro. Talvez seja verdade. Se as pessoas fazem isso para criar um distanciamento ou simplesmente aceitar a distância criada (e que talvez elas nem percebam), é uma questão ainda em aberto – mas o distanciamento emocional dificilmente é uma coisa boa.

Ironicamente, as pessoas focadas no desempenho costumam dizer: "Quero dar ao meu parceiro um momento inesquecível" ou "Não quero decepcionar meu parceiro". Em seguida, afastam-se emocionalmente para perseguir o próprio intento de exibir um desempenho sexual do qual possam se orgulhar, em vez de estarem emocionalmente presentes, que é o que tanta gente prefere em uma parceria.

Então eu proponho que você deixe para lá.

"Função" e "disfunção"

Muitos pensam que se o pênis e a vulva fizerem aqueles velhos truques na hora que você quiser, eles estão "funcionando" bem; caso contrário, você tem uma "disfunção".

Quem se atém a esse modelo não considera a emoção como facilitadora ou bloqueadora da "função" sexual. Nós temos ereção ou lubrificação em consequência de uma impressionante cadeia de eventos:

- O cérebro recebe uma mensagem sexual (para alguns, pode ser uma foto da Madonna; para outros, essa mesma foto é capaz de interromper a ereção durante um mês).

- O cérebro envia a mensagem pela coluna vertebral por meio dos nervos pélvicos.

- Os nervos pélvicos enviam a mensagem aos vasos sanguíneos que se espalham pela pélvis.

- Os vasos sanguíneos recebem a mensagem e começam a trabalhar: eles dilatam, permitindo a entrada de mais sangue.

- O fluxo sanguíneo preenche o pênis e o clitóris, enrijecendo-os, e provoca a umidade que brota da parede vaginal, se espalhando pela vagina.

COMO O CORPO/MENTE PRODUZ EXCITAÇÃO SEXUAL

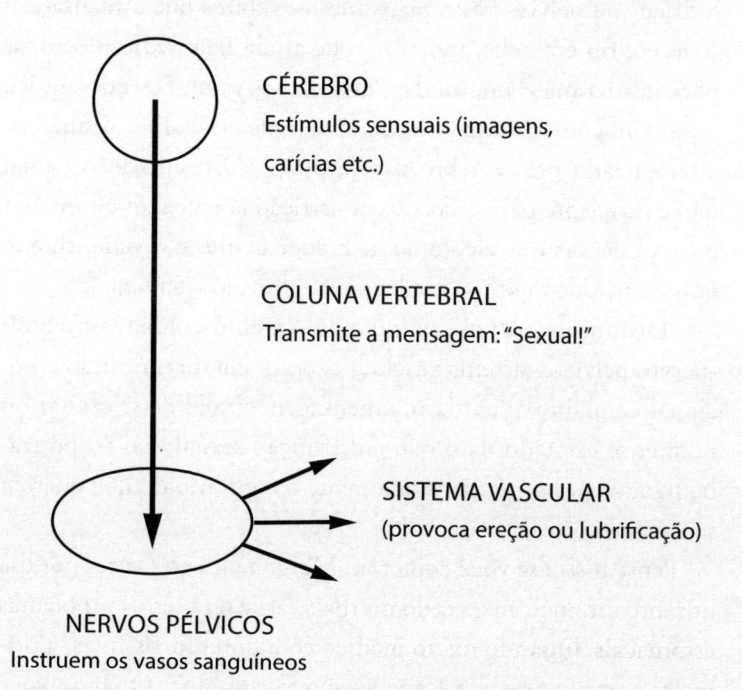

CÉREBRO
Estímulos sensuais (imagens, carícias etc.)

COLUNA VERTEBRAL
Transmite a mensagem: "Sexual!"

SISTEMA VASCULAR
(provoca ereção ou lubrificação)

NERVOS PÉLVICOS
Instruem os vasos sanguíneos

É um processo simples quando funciona bem. Mas, obviamente, muita coisa pode dar errada: um problema qualquer na transferência de informação entre o cérebro e a coluna vertebral, entre coluna vertebral e os nervos pélvicos ou entre os nervos pélvicos e os vasos sanguíneos; a não resposta dos vasos sanguíneos quando recebem a mensagem; ou a interrupção causada por doenças como diabetes, pressão alta, arteriosclerose e mal de Alzheimer, bem como lesões na medula (causadas por práticas esportivas, acidentes de carro, ferimentos de guerra e outros).

Há outro problema possível: a coluna vertebral também transporta nossas emoções, que são basicamente impulsos elétricos simples (eu sei, é um ponto de vista muito romântico). Note que a mensagem "Atenção! Excitação sexual, prepare os recursos hídricos da pélvis" passa pelos mesmos dutos que a mensagem "não confio em você, moço", "você ainda não pediu desculpas para minha mãe" ou, ainda, "que diabos estou fazendo aqui?". Essas emoções causam ruído, o que pode atrapalhar o sinal sexual enviado pelo cérebro para a pélvis. O resultado? O sinal não é suficiente para criar vasoconstrição lá embaixo ou manter o fluxo depois que ele começa. E você conhece o velho ditado búlgaro: vasocongestão inadequada, "função" inadequada.

"Disfunção sexual" é quando cérebro-coluna vertebral-nervos pélvicos-sistema vascular experimentam um ruído emocional enquanto aguardam a mensagem sexual de se excitar ou manter-se excitado. Isso não é disfunção sexual; é o corpo trabalhando em harmonia, exatamente o contrário do que querem seus donos.

Pense nisso: se você comer no McDonald's três vezes por dia durante um mês, mais cedo ou mais tarde terá sérios problemas estomacais. Quando for ao médico com dores fortíssimas, a primeira pergunta será: "O que você tem comido?" Quando você disser a verdade (cheio de orgulho ou morrendo de vergonha), o médico dirá: "Ah, tenho boas notícias. Seu estômago está funcionando perfeitamente. Ele não foi feito para digerir sanduíches do McDonald's três vezes por dia durante um mês. A dor que você está sentindo é sinal de que o estômago está funcionando muito bem. Agora vá para casa e comece a comer brócolis".

É a mesma coisa com seu pênis ou sua vulva. Quando você come metaforicamente McDonald's três vezes por dia – quando vive cheio de raiva, tristeza, solidão, confusão, vergonha –, seu corpo não vai conseguir se excitar. Tanto faz que você tenha consciência ou não desses sentimentos, ou se os reconhece ou não. Quando você está fazendo amor com uma moça que acaba de conhecer e ela diz: "Ah, meu Deus, acho que ouvi meu marido subindo a escada", você vai perder definitivamente a ereção. Isso não é disfunção erétil – não é possível manter a ereção em uma situação dessas. A essa altura, seu corpo precisa do sangue para coisas mais importantes – como saltar pela janela.

Então eu proponho que você deixe para lá.

A necessidade de um ambiente perfeito para o sexo

Digamos Paris, um lugar muito especial. Qualquer um pode apreciar a cidade se tiver dinheiro, se o tempo estiver bom e se falar francês. Mas como em qualquer viagem a Paris poderá faltar uma, duas ou as três alternativas, o segredo é saber apreciar Paris sem elas.

Muita gente é capaz de querer e gostar de sexo – sob as condições ideais: o parceiro perfeito, dois corpos impecavelmente limpos, privacidade total (eu tive uma paciente tão tímida que só fazia amor quando havia eclipse do sol e não houvesse luz em um raio de 10 quilômetros); quando não há nenhuma tarefa a ser feita (outra paciente fez os filhos prometerem que lavariam as roupas e a louça se a encontrassem morta); se o casal não brigou nos últimos seis meses; e se os dois fizerem academia *e* passarem fio dental diariamente.

Em outras palavras, praticamente nunca. E provavelmente nunca mais.

Os adultos têm vida complicada e não existem horas vagas. Então, se você quiser ter prazer no sexo, quase sempre será em condições muito aquém das ideais. O que não significa que não tenhamos preferências ou mesmo necessidades; é claro que temos.

Algumas pessoas têm necessidade de escovar os dentes; outras não fazem sexo se estiverem menstruadas e outras não farão sexo se estiverem com dor de cabeça ou nas costas. Tive pacientes que não podiam fazer sexo de estômago vazio, se ouvissem música country ou se o cachorro estivesse no quarto. Mas também tive pacientes que faziam questão de que o cachorro estivesse no quarto. Até o grupo de exibicionistas é heterogêneo.

Mas pense nisso como uma situação optar-pró *versus* optar--contra. Supondo que nossas condições básicas estejam presentes, nossa tendência é dizer sim, a menos que haja algum problema – ou dizer não, a menos que uma longa lista de condições tenha sido preenchida e não exista outra longa lista de quebras de acordos. Se você se orienta pelos motivos para não fazer sexo em uma determinada ocasião, e não pelos motivos para fazer, sua Inteligência Sexual se ampliará.

Uma observação aos pais: se você não consegue fazer um sexo prazeroso quando as crianças estão em casa (provavelmente dormindo ou quando já são maiores), possivelmente você passará uns 18 anos sem sexo (a menos que, evidentemente, você possa bancar umas férias para elas ou para vocês).

Muitos conduzem muito bem essa questão. Mas se você se queixa o tempo todo com sua companheira e fica incomodado com a presença das crianças, deveria criar um repertório de atividades e níveis vocais: sexo-com-os-filhos-em-casa (dormindo), sexo-com-os-filhos-em-casa (acordados) e sexo-com-os-filhos--fora-de-casa. Eu incluiria também sexo-com-o-cônjuge-fora--de-casa, mas isso é outra história.

Então eu proponho que você deixe para lá.

A necessidade de "espontaneidade" e a não comunicação

Será que os adultos ainda fazem alguma coisa espontânea? Vamos colocar de outra maneira: grande parte da espontaneidade na vida adulta vem do bom planejamento, da manutenção de uma lista de atividades e de um sistema confiável para executá-las. Por exemplo:

- *Um passeio de bicicleta a dois:* Em primeiro lugar, cada um precisa ter sua própria bicicleta; saber andar de bicicleta; ter as roupas certas de acordo com a temperatura (aconselho consultar informações sobre o tempo); encher os pneus; encher a garrafa de água (cada um a sua, evidentemente); e levar corrente e cadeado (e não esquecer as chaves). Nossa, fico exausto só de pensar. Bom, tudo isso feito, vocês podem levar a bicicleta para onde quiserem, pelo tempo que desejarem.

- *Fazer um piquenique:* Na semana anterior, vocês escalam quem levará comida, bebida, toalha de mesa, baralho e música. Depois, organizam tudo da maneira que quiserem e dispensam algumas coisas. Mas não poderão fazer muito mais que exija equipamentos não providenciados.

- *Cozinhar a dois:* Depois do passeio de bicicleta e do piquenique, vocês decidem convidar amigos para jantar. "Venham aqui em casa", vocês dizem. Felizmente, vocês têm os ingredientes básicos para a reunião: carne no freezer, forno de micro-ondas para descongelar, a cozinha foi limpa ontem à noite e vocês sabem cozinhar. Depois de meia garrafa de chardonnay, podem decidir quando comer e se os legumes já estão no ponto.

- *Por fim, vão fazer amor:* Quando forem para o quarto – com uma parada no banheiro antes –, o ninho de amor já está preparado. Tudo foi providenciado: anticoncepcional, lubrificante, proteção contra doenças, acessórios, couro e rendas. Vocês já conversaram, então uma ducha não será necessária. E conversaram também sobre usar chicote (você não gosta), sobre contar as fantasias com os colegas de trabalho (seu parceiro não gosta) e falar coisas feias (os dois gostam). Depois desse planejamento (inclusive a ida ao banheiro), de terem uma ou duas conversas importantes, agora vocês podem fazer um sexo "espontâneo" – com as atividades que quiserem, na ordem que desejarem. E, se quiserem, podem até dispensar o sexo "normal".

Você já ouviu dizer que, em alguns casos, "menos é mais"? Bem, em se tratando de sexo, a "espontaneidade" exige planejamento.

* * *

Tenha 30, 50 ou 70 anos, todo mundo se lembra de como o sexo era "espontâneo" na juventude. Mas vamos ver essas "lembranças" mais de perto.

Em primeiro lugar, o sexo não era exatamente espontâneo – um dos dois ou ambos pensou nisso noite e dia; um dos dois ou ambos pesquisou como aconteceria, como deveria *parecer* espontâneo e como se vestir para a ocasião (algo que despertasse o interesse do parceiro, mas não tanto que parecesse vulgar). E quanto ao repertório, nossa primeira relação sexual raramente é espontânea, porque tentamos nos encaixar em categorias preexistentes: homem feito, mulher apaixonada, alma romântica e atormentada e assim por diante.

Isso dito, sempre há um lado espontâneo em nossas primeiras experiências sexuais: nós bebíamos e fumávamos, não pensávamos nas consequências (Amanhã? O que quer dizer com isso? Ainda estaremos juntos?) e nada fazíamos para evitar gravidez ou nos proteger de doenças. Se você pudesse começar de novo, faria tudo igual em suas primeiras experiências sexuais? Ou se prepararia um pouco mais, se comunicaria melhor com o parceiro, levaria a sério o controle da natalidade? Que tal um pouco mais de luz no ambiente? Também para "espontaneidade" ideal.

E, evidentemente, aquele sexo "espontâneo" do passado causou muito sofrimento. Sofrimento é um risco ocupacional inerente às novas experiências sexuais e aos relacionamentos, mas pode ser evitado com algumas palavras sinceras e não espontâneas: "Nunca transei antes", "Não transo há muito tempo", "Se transarmos, é porque somos um casal", "Tenho herpes", "Não tenho orgasmo quando transo pela primeira vez com alguém; não tem nada a ver com você", "Tenho vergonha da minha cicatriz", "Que isso fique entre nós e ninguém mais saiba, está bem?"

Alguns diriam que essas miniconversas (que nunca são tão "mini" e por isso hesitamos tê-las) afastam o "romance" do sexo. Eu acho que não; quem precisa de um "romance" espúrio se puder ter sexo real na vida real? Já há tanto mistério em nossa sexualidade, tanto romance no conhecimento de um novo corpo, de uma nova pessoa (ou em gostar do que aprendemos a esperar no sexo), que não é preciso acrescentar mais nada a cada um quando se hesita em se comunicar, planejar e saber o que estamos fazendo.

Eu acredito que quando duas pessoas querem que o sexo seja espontâneo, elas pensam assim:

- Não quero pensar no que estou fazendo.

- Não quero pensar nas consequências do que estou fazendo.
- Não quero me aproximar tanto de alguém como agora.
- Se ficarmos pensando nisso, não vamos fazer nada.
- Se conversarmos sobre o que estamos fazendo, ficará menos interessante.
- Se eu pensar demais, meu corpo não vai "funcionar".

Concordo com esse tipo de preocupação, embora minha resposta seja a mesma para todas: não insista em uma situação sexual na qual você não se sinta à vontade. É muito comum, especialmente entre os jovens, tratar a oportunidade sexual como se fosse o cometa Halley – que surge tão raramente que é preciso pegá-lo de qualquer maneira, mesmo que as condições sejam muito aquém das ideais – ou seja, espontaneamente.

Não. A menos que você esteja na Legião Francesa, a oportunidade de fazer sexo surgirá novamente.

Na prática, o sexo "espontâneo (leia-se: não pensado, não comunicado) tem inúmeras desvantagens:

- Você se isola e se sente solitário durante o ato sexual.
- Acha que seu desempenho sexual é a melhor coisa que pode oferecer.
- O parceiro acha que o desempenho dele é a melhor coisa que ele tem a oferecer.
- O que significa não usar lubrificante e anticoncepcional e a possibilidade de contrair doenças e desconforto físico.
- Mas, principalmente, é perder o que o sexo tem de melhor, que é estar presente, ter um parceiro presente, estar atento a tudo o que acontece.

Então eu proponho que você deixe para lá.

Achar que o sexo tem um valor inerente

O sexo em si não tem nenhum valor inerente. As experiências sexuais individuais também são muito importantes, e se forem muitas, podemos até dizer que o sexo é importante para nós. Mas o sexo não tem nenhum valor até que, e a menos que, atribuamos algum valor a ele.

Isso dito, as pessoas valorizam demais o sexo, e valorizam errado. Depois se queixam que o sexo está muito complicado. E elas têm razão – o sexo se complica porque nós o complicamos. Cada encontro sexual passa a ter seu valor. Há tanta coisa para administrar nesses encontros que a pressão e a ansiedade acabam prejudicando o sexo.

Quais são os típicos valores que as pessoas e instituições dão ao sexo? De tempos em tempos costumo ouvir que o valor, a base e as características distintivas da sexualidade humana são:

- Intimidade.
- Um dom divino que só deve ser expressado divinamente.
- A validação de nossa identidade como homens e mulheres.
- Uma forma de fortalecer o (sagrado, matrimonial) relacionamento.
- A suprema expressão do amor.
- O dom supremo do ser humano.
- A fonte da vida (pela concepção).
- O que fazem duas pessoas que se amam.
- A satisfação do desejo.

E para complicar ainda mais:

- O desejo sexual saudável é conduzido principalmente pelo amor.

- Pessoas maduras e saudáveis se conduzem pela exclusividade sexual.

Não é bom dar tanto valor ao sexo – isso o complica demais e, em geral, contraria a experiência. (Todo mundo já fez sexo que não era absolutamente "íntimo", e a maioria dos casais faz um sexo que não melhora em nada o relacionamento.) Pior ainda é acreditar que essas qualidades são ou deveriam ser inerentes ao sexo – porque se temos um sexo que não reflete esses ideais, acharemos que há alguma coisa errada conosco ou com nosso parceiro.

Então, qual é a diferença entre *acreditar* que o sexo tem valor e *atribuir* valor ao sexo? Por que isso acontece?

Se você acredita que o sexo tem um valor inerente, inevitavelmente vai querer fazer um sexo que tenha mais probabilidade de lhe transmitir esse valor. Essa é outra forma de se manter fiel aos padrões sexuais que você recebe de fora e que estão longe de ser "espontâneos" e "seus". Muitos temem não estar cumprindo o dever de "honrar" o sexo (ideia comum entre os que acreditam que a sexualidade nos foi dada por Deus). Faz parte da obsessão ocidental não fazer amor "como animais" – como se o fizéssemos de uma forma muito superior a eles.

Eu não acho que devemos servir ao sexo: acho que o sexo deve servir a cada um de nós. Cada encontro sexual é uma oportunidade de criar um novo sexo, para se renovar e explorar a si mesmo de maneira relevante. Se, para nós, o sexo tem valor inerente e nossa função é descobrir qual é esse valor para nos adequarmos a ele, não veremos o sexo com novos olhos, não estaremos motivados a perceber e agir intuitivamente e aceitaremos limites arbitrários e externos para nossas atividades eróticas. Se permitirmos que o sexo seja pequeno, diminuiremos com ele.

Mas se você acredita que o sexo tem seus próprios valores, vá em frente. Mas não se esqueça de que pode conhecer a liberdade de um sexo descontraído, amoral (não imoral, mas *amoral*). Como diz Woody Allen: "Sexo sem amor não tem valor, mas enquanto as experiências casuais continuarem acontecendo, ele é danado de bom".

Algumas instituições sociais têm a pretensão de nos dizer o que é o sexo e o que ele "deve" incorporar. As religiões organizadas, por exemplo, dedicam-se a controlar e *limitar* a expressão sexual das pessoas. O cristianismo institucionalizou politicamente suas normas sexuais em treino de abstinência ("educação sexual") e leis contra a obscenidade e o aborto. Cuidado com quem lhe disser que sabe o que o sexo "significa" e qual é o "propósito" dele. Essas pessoas querem controlar você, explicando como você deve adaptar sua expressão sexual ao que ela diz.

Com a perspectiva da Inteligência Sexual de que o sexo tem apenas valor *emergente*, você pode experimentar uma grande variedade de sentimentos e significados sexuais. Sem essa perspectiva, porém, muita coisa será invisível ou, o que é pior, repugnante, e será excluída por definição. Isso me faz lembrar um aforismo de Nietzsche: "Os que dançavam eram considerados loucos pelos que não podiam ouvir a música". Você e seu parceiro têm o privilégio humano de ouvir a própria música sexual e dançá-la como só vocês sabem fazer.

Por fim, algumas pessoas temem que se o sexo tiver um valor inerente e elas não souberem qual é, não terão um comportamento ético. É comum os religiosos acreditarem que é a religião que leva as pessoas a terem um comportamento ético; sem religião não teremos esse regulador. É uma visão tremendamente pessimista – as pessoas só se comportam bem porque serão recompensadas após a morte, ou receberão uma terrível punição.

É assim que funciona a cabeça de uma criança de cinco anos de idade: recompensa e punição. Nós, adultos, podemos fazer melhor.

Então eu proponho que você deixe para lá.

CAPÍTULO 8

Novo foco, novas abordagens
Como desenvolver sua Inteligência Sexual

Dino era um rapaz muito, muito alegre. Estava alegre quando se atrasou para nosso primeiro encontro, estava alegre porque tinha um problema que não conseguia resolver, estava alegre quando pagou meus honorários ("embora seja um pouco caro!") e estava alegre quando me disse que "dois terapeutas já tentaram me ajudar e não sei se você vai conseguir".

Tanta alegria já estava me deixando nervoso, especialmente nas primeiras horas da manhã (sou um notívago), mas tudo bem, decidi conhecê-lo melhor antes de considerar essa alegria como parte do problema. É preciso dar a cada novo paciente o benefício da dúvida.

Sempre alegre, Dino recitou seus sintomas: "Me apaixono com muita facilidade, gosto de salvar as mulheres, mas depois me sinto usado e fico muito mal". Se ele entendia isso, por que o comportamento se repetia?

"Não consigo parar", ele continuou. "E ao mesmo tempo fico dizendo a mim mesmo: 'Não faça isso, Dino', mas faço. Acho que sou viciado em amor."

Várias coisas prendiam Dino nesse padrão recorrente. Durante nossas conversas, fiquei sabendo que na infância ele não conseguiu salvar a mãe de seu pai alcoólatra. Hummm... Então, salvar mulheres na vida adulta devia ser uma tentativa inconsciente de remediar seu "fracasso" infantil. Outro fator era sua baixa autoestima e as consequentes baixas expectativas; o tempo todo ele repetia que preferia as mulheres problemáticas porque ninguém mais se interessaria por ele.

O terceiro fator que o prendia era uma visão incrivelmente romântica que ele tinha dos relacionamentos sexuais. Usava expressões tais como "alma gêmea", "a única que me serve", "a química une nossos espíritos" e "nosso destino é ficarmos juntos". Alimentar esse tipo de conceito é procurar problemas. Nos prendemos à *ideia* que temos da outra pessoa em vez de ver a pessoa *real*; nos prendemos ao *conceito* de relacionamento em vez de perceber nossa real *experiência* de relacionamento. Essa é uma das maneiras de as pessoas permanecerem em relacionamentos longos depois que estes se tornam destrutivos.

Por fim, Dino necessitava que todas aquelas mulheres o avaliassem como o melhor amante que já tiveram. Com essa meta inatingível, ele se preparava para o fracasso, a decepção, a humilhação e a autoexecração (nessa ordem). Às vezes, não recebia o "certificado" e considerava o relacionamento fracassado, inútil e sem sentido; então se esforçava duplamente para obter aprovação sexual o mais rápido possível – e permanecer no relacionamento. Quando as coisas começavam a deteriorar, com raiva, palavras ofensivas e falta de contato, ele ficava ainda mais desesperado para ser reconhecido. Simplesmente não aceitava a possibilidade de que uma futura ex-namorada não dissesse que ele não era o melhor.

Ao mesmo tempo que Dino admitia que precisava mudar alguns conceitos e ainda não tinha conseguido, ele não admitia a visão que tinha do sexo e dos relacionamentos sexuais.

"Ah, não, não vou abrir mão do meu romantismo em relação ao sexo e ao amor. Não aceito não ser o melhor. Se eu abrir mão, não terei mais nada. Não, nem tente me convencer."

Então era isso: seu jeito de pensar no sexo era a chave do problema, por não querer examiná-lo e muito menos abrir mão dele. Temia instintivamente que se desistisse dessa ideia romântica de "melhor amante" mudaria tudo. Eu concordei: se ele conseguisse desistir, ficaria menos ansioso para se apaixonar, menos seguro de si mesmo, mais introspectivo e até menos alegre. E mais adulto.

Dino precisava de uma grande transfusão de autodisciplina. Emocionalmente, ele se espalhava, se alegrando pelas coisas mais imbecis (como se não estivesse conectado a realidade nenhuma) e se sentindo impotente diante de praticamente tudo.

Eu tive um professor que costumava dizer que nossos pacientes se comportam como se não acreditassem no que sabem. E Dino *sabia* que:

- Não podia salvar a mãe de seu pai quando era criança.
- Por isso queria salvar toda mulher infeliz que conhecia.
- Por considerar esses relacionamentos profundamente íntimos, e investir neles energia, tempo e dinheiro, a consequência era decepção, frustração e autocensura.

Então, por que ele abandonava toda a disciplina diante de um rosto bonito? Porque precisava expressar um déficit emocional que não admitia ter. O sexo e o romance eram usados para curar o que nada tinha a ver com sexo.

Durante meses conversamos sobre desistir de seu projeto de salvar as mulheres. A princípio ele não levou a sério nosso trabalho, mas quando retomamos essa visão obscura de desvalorização e vergonha, ele percebeu a importância. E eu entendi: que menino não quer salvar a mãe? Que menino não se sente mal por não conseguir? "E que menino", eu olhei para ele fixamente, "se sairia bem nessa situação?"

"Então eu não fracassei?". Seus olhos se encheram de lágrimas. "Ela precisava muito de ajuda."

"Posso imaginar que sim. Mas nenhum garoto teria conseguido ajudar. Você fez o possível, eu tenho certeza."

Quando sua muralha emocional finalmente trincou, as lágrimas rolaram. Vergonha, ódio, desespero e solidão brotaram em seu peito.

"Estou cansado, muito cansado. Posso me deitar um pouco? Por enquanto não quero ajudar nenhuma mulher."

Eu gostaria de lhe dar permissão, mas disse:

"Dino, se você quiser mesmo descansar, faça isso. Mas também precisa parar com esse projeto de salvamento."

"Tudo bem dar um tempo?", ele perguntou.

"Nem precisa perguntar. Eu o apoiarei no que você decidir."

"Quero parar. Estou parando. Já parei. Pronto!" – ele decretou em um tom desafiador.

Levou alguns meses para Dino entender as implicações de sua decisão. E terminar um relacionamento que *não* lhe dava a validação que ele estava buscando.

"Devo terminar, mesmo que eu me sinta mal?", ele perguntou.

"Isso mesmo", eu sorri. "Você se sente mal por um relacionamento que não deu certo, em que seu afeto não teve retorno e seus esforços não foram reconhecidos. Você não tem nada a ver com isso."

"É terrível, mas é excelente."

E ele estava certo.

* * *

Falemos de algumas medidas práticas para desenvolver sua Inteligência Sexual, como comunicar-se melhor, prestar mais atenção e redefinir o que é "sensual".

Conheça suas condições

Quais são as condições ideais para o sexo? Você sabe como criar essas condições? Quantas vezes você faz sexo quando as condições ideais não estão presentes?

Em seu clássico livro de 1978, *Male sexuality* (agora como *New male sexuality*), o dr. Bernie Zilbergeld discute o conceito de condições para ter um bom sexo. Ele diz que todo mundo tem condições, ou necessidades, para ter um sexo prazeroso.

Eu afirmo que as condições podem ser separadas em três categorias: as que dizem respeito à própria pessoa, as que dizem respeito ao ambiente e as que dizem respeito ao parceiro. Exemplos disso são:

- *À própria pessoa:* você precisa estar limpo; não pode ter compromissos pendentes.

- *Ao ambiente*: você precisa ter privacidade, luz suave, um ambiente romântico.

- *Ao parceiro:* você precisa que seu parceiro lhe diga "eu te amo", que ele seja lindo.

As condições mais comuns expressam ideais culturais. Por exemplo, alguns não sentirão prazer no sexo se acharem que estão sendo ouvidos. Por isso só fazem amor em casa quando os filhos estão fora; e não gostam de quartos de hotel porque as paredes são muito finas. Outros só terão prazer se o homem tomar a iniciativa ou se ganhar mais dinheiro que a mulher.

Há condições mais incomuns, como só sentir prazer no sexo se a mulher usar salto alto e lingerie. Outros precisam de silêncio absoluto, conversas constantes ou correr o risco de serem vistos. Caso contrário, o sexo será entediante e até apavorante.

Todo mundo pode se beneficiar quando entende e identifica o que é preciso fazer para ter um sexo prazeroso. Pergunte-se: Minhas condições correspondem aos meus valores? Minhas condições atraem o tipo de pessoa que eu quero e as experiências que espero ter? Ou será que minhas condições são tão rígidas que a satisfação será praticamente impossível? Se você desejar uma sensação de perigo, por exemplo, ficará bem se não tiver um parceiro hostil ou autodestrutivo. Similarmente, se você precisa que todas as suas tarefas estejam concluídas para ter prazer no sexo, jamais conseguirá senti-lo nesta vida.

E de que maneira suas condições se harmonizam com as do parceiro? Se você precisa de muito tempo para se conectar e relaxar, e o parceiro é impulsivo e incomunicável, dificilmente os dois ficarão confortáveis ao mesmo tempo. Similarmente, se você gosta de conversa obscena, mas seu parceiro prefere palavras gentis e olhares amorosos, dificilmente criarão um ambiente que satisfaça a ambos.

Os casais que se encontram nessa situação, infelizmente, discutem muito sobre quem está certo e quem é "irracional", "tenso" ou "tarado". Isso não é comunicação real.

Pelo contrário, as pessoas que estão nessa situação precisam trocar impressões sobre a decepção, a ansiedade e a autocensura que as perturbam. Se o casal decidir que nenhuma das condições impostas pelo parceiro está errada, poderá criar estratégias para fazer amor que satisfaçam a ambos. Por exemplo, as condições de cada um serão satisfeitas alternadamente; ou as próprias condições serão interpretadas de várias maneiras. Por exemplo, se a condição é ter privacidade, ouvir música e usar venda nos olhos durante o sexo, tudo isso dará a sensação de maior intimidade.

Similarmente, em vez de estar absolutamente limpo antes de fazer amor, talvez seja melhor ter uma conversa franca com o parceiro sobre o que cada um sente com relação aos odores corporais. E se seu parceiro limpar suas partes íntimas com uma toalha úmida, isso pode satisfazer suas necessidades de asseio e ainda aumentar o desejo.

Embora Seamus vivesse nos Estados Unidos havia mais de dez anos, parecia ter saído de um set de filmagem sobre imigrantes irlandeses. "É, ainda tenho um pouco de sotaque, não tenho?", ele sorriu.

Seamus vivia com a família e trabalhava na Califórnia. Seus pais, os irmãos, os amigos e os pratos favoritos estavam em Dublin. Ele estava partido ao meio, tentando ser fiel aos dois estilos de vida. Como dizia minha avó judia, tentava dançar em dois casamentos com o mesmo traseiro.

E não estava lidando muito bem com esse conflito.

Ele ia à Irlanda várias vezes ao ano, e como era de esperar, sua esposa Catherine queixava-se dos gastos. E se ficasse na Califórnia nas férias dos filhos, deixava os pais tristes e se sentia muito mal.

Então, com um olho na Irlanda e outro nos filhos, Seamus estava muito infeliz. Catherine tentou ajudar, mas foi em vão. Os filhos queriam mais atenção. Isso não ajudava. E ela também não. Com o tempo, Seamus foi perdendo o interesse no sexo e veio me procurar.

Ele me disse que se sentia dividido e estava profundamente incomodado com a "pressão" de Catherine. Sugeri que era mais fácil se incomodar com quem está aqui, ao lado dele, do que a quilômetros de distância.

"Talvez também seja mais fácil magoar-se com Catherine do que se desesperar e sentir-se culpado", acrescentei delicadamente.

"Não entendo", ele começou, balançando a cabeça. "Ela engordou, depois que nossos filhos nasceram. A casa está uma bagunça – ela diz que prefere desenhar e cantar com as crianças a mandá-las arrumar o quarto. E detesta cozinhar. Sempre me pede para comprar comida quando volto para casa ou faz qualquer coisa para o jantar. Tudo isso vai se somando", ele acrescentou. "Quem consegue fazer sexo com tudo fora de controle?"

Era exatamente assim que ele se sentia: fora de controle.

E a casa dele na Irlanda?

"Ah, é um verdadeiro lar", disse orgulhoso. "É a casa do meu pai, tudo organizado, tudo girando em torno dele. Jantar na mesa quando ele chega. Silêncio quando ele lê o jornal. Os filhos só respondem o que ele pergunta. A mulher diz 'sim, querido' se ele estiver mal-humorado. Nenhum conflito nem esposa para lhe dizer 'não conversamos mais como antes'." E acrescentou: "Não posso imaginar minha mãe reclamando que eles não fazem mais sexo como antes!"

Não, Catherine não era como a mãe de Seamus e a casa dele na Califórnia não era como a do pai. Era uma bagunça, barulhenta, cheia de vida. E a esposa raramente dizia "sim, querido", mesmo que ele estivesse de mau humor.

E na época em que eles namoravam?

"Ela era a mulher mais linda que eu já tinha visto", ele se lembra. "Fiquei fascinado."

Catherine ainda era uma mulher muito bonita. Mas tinha amadurecido, assumido as responsabilidades de uma família, de um lar, era mais independente. Era difícil para Seamus lidar com essa "beleza" e mais ainda com a independência. O mesmo acontecia com a casa. Então ele estava dividido.

Foi no sexo que ele desabou. Para sentir desejo, precisava sentir que tinha tudo sob controle: nenhuma diferença conjugal, a casa em ordem, os filhos felizes, nenhum conflito emocional. É óbvio que ele não tinha mais iniciativa para o sexo. Suas condições eram rígidas demais e jamais seriam atendidas.

Pareceu-me que ele entendia isso quando começamos a explorar.

"Se não posso mudar minha educação, o que posso fazer, então?"

"Ao menos uma coisa você pode fazer: mudar seu relacionamento com a Irlanda."

"Você não vai me pedir para não ir mais lá, vai?", ele me olhou desconfiado.

"Não. Mas se você não quiser continuar dividido nos próximos dois, cinco ou 20 anos, terá de encontrar um jeito de recuperar seu desejo sexual."

Após um momento de silêncio, o homem de cabelos ruivos concluiu:

"O que você quer dizer é que por enquanto não devo resolver essa questão Califórnia-Irlanda?". Era um jeito novo de abordar o problema. Ele esperava que à divisão se resolvesse em um passe de mágica para que pudesse retomar sua vida. "Mas agora devo resolver outras coisas, como fazer amor com minha mulher?"

"Isso mesmo. E durante o processo, aprenda a gostar do corpo dela como é agora. Não é possível inverter a ordem natural das coisas e de repente ter uma aparência dez anos mais jovem."

Ele riu.

"Amar a pessoa com quem você está. O doutor faria muito sucesso lá em Berlim. Tudo bem: vamos falar do tesão que eu sentia pela minha Catherine." E nós conversamos sobre renovar a atração que ele sentia por ela, sobre reconhecê-la como uma mulher bonita, como a mãe que incentivava a criatividade dos filhos e não como uma dona de casa desleixada; como uma mulher carnal que o desejava e gostava de estar na cama com ele, e não como uma mulher acabada.

E o aconselhei a dançar em um só casamento por noite.

Deu certo. Após seis meses de terapia, nós nos despedimos.

"Se fosse perfeito seria melhor, mas não é mais necessário", ele disse na saída. "Sentir prazer no que tenho já é muito bom", acrescentou com um sorriso.

Saiba como seu corpo é

Não existem nem corpos nem rostos perfeitos. Como dizia a supermodelo Cindy Crawford: "Nem eu mesma acordo me parecendo com a Cindy Crawford".

O seu corpo tem, digamos, um quarto de século? Mais que isso? Meio século? Depois de alguns anos, tudo neste mundo começa a definhar, até o nosso corpo. E ganha pequenas idiossincrasias. Os pneus frontais do seu Honda só rangem quando você dobra à esquerda, e não à direita, o liquidificador vaza em altas velocidades, mas não em baixas. Às vezes é mais fácil mover a cadeira do que ajustar a lâmpada do abajur.

Se o sexo que você fazia na juventude era movido a álcool e outras drogas, hoje você faz sexo com um corpo novo. (Desde que não continue bebendo ou fumando para fazer sexo – já deve ter notado que a música que toca não é mais a mesma desde aquela época.)

Se você não tem mais a mesma energia e força física de dez anos atrás, seu repertório sexual também foi afetado. Nesse sentido, o sexo não é sagrado – seu sistema cardiovascular pensa que é apenas outro exercício, como caminhar em uma esteira (e provavelmente sem iPod).

Se você iniciou sua vida sexual tendo muitos parceiros e hoje tem apenas um, seu corpo reagirá de outra maneira, talvez exigindo mais aquecimento, por exemplo. Se grande parte do seu interesse em sexo era a conquista, e agora você tem um parceiro regular, seu corpo pode exigir novidades (posições, brincadeiras, acessórios) para se excitar. E se você assiste a muita pornografia ou usa vibrador com frequência, isso também afetará as reações do corpo.

Se agora você sente dor em determinadas posições que antes não o incomodavam, é melhor admitir que dói e adaptar-se. Quando as atividades que você costumava praticar deixam de dar prazer para causar dor, é hora de mudar – inclusive as habilidades emocionais para lidar com a perda. Quem não tem essa habilidade tenta evitar a mudança necessária. Negar é uma das atitudes que levam as pessoas para o pronto-socorro – seja por escolher rampas de esqui que elas não podem mais descer com segurança, seja fazer sexo em posições kama sutra que hoje são perigosíssimas. Negar é também uma forma de desenvolver o baixo desejo – para não reconhecer a dor em atividades sexuais que antes eram amplamente praticadas.

Como você sente o sexo realmente no seu corpo

Levemos essa ideia um passo adiante e vamos discutir como seu corpo sente realmente o sexo. Não como você supõe que sinta nem o que você pensa que está fazendo, mas como as coisas realmente são. O corpo humano possui um grande equipamento sensorial para cada evento sexual – grande parte dele não é usada, é mal interpretada e até ignorada.

É mais complicado do que parece perceber nossa real experiência quando fazemos sexo. Porque, quando uma determinada ação ou comportamento se repete com frequência, acaba se repetindo por hábito e não pela percepção do que está acontecendo. É compreensível – se você estiver prestando bem atenção toda vez que escovar os dentes ou abotoar a camisa, jamais conseguirá sair de casa a tempo de não se atrasar para qualquer outra atividade.

Além disso, se estiver ansioso, prestará tanta atenção em tantas outras coisas que jamais conseguirá sentir o sexo como ele é. Como já discutimos, quando as pessoas fazem sexo, elas prestam atenção na própria aparência, nos sons que estão fazendo e no cheiro que têm; querem ter um funcionamento correto; ignorar as dores físicas e emocionais; e querem adivinhar o que o parceiro está sentindo. Evidentemente, é difícil sentir as muitas partes do corpo e as sutis mudanças de estimulação com tanta coisa na cabeça.

É mais fácil entender esse princípio em outros contextos. Por exemplo, se você está fazendo uma importante entrevista de emprego em um restaurante, mal conseguirá notar o sabor da própria comida. Em geral, a ansiedade reduz nossa habilidade de experimentar novas coisas e apreciá-las.

Veja como funciona essa dinâmica no ato sexual:

- Se, em uma relação sexual, você precisa fantasiar para ficar mais excitado, não perceberá certas experiências sensoriais que são reais.

- Se você tem preconceito contra certos tipos de estimulação (felação é para prostitutas, mamilos é para gays, dedo na vagina é para mulheres frígidas e homens incapazes), jamais as experimentará – e se o fizer, não sentirá seus efeitos.

- Se você não esvaziar a mente antes de fazer sexo, outros pensamentos a ocuparão (tarefas domésticas, trabalho, compromissos) e o foco de sua experiência será desviado.

A essa altura você deve estar se perguntando: "Por que tenho que prestar tanta atenção no sexo que estou fazendo? Isso não era necessário quando eu era jovem".

Sim, é verdade. Mas agora você envelheceu e talvez queira ter experiências mais plenas e mais ricas (talvez até mais elegantes). E se só começou a fazer sexo quando está sóbrio nos últimos dois ou três anos, sua capacidade de prestar atenção aumentou muito. Saber prestar atenção é uma arte que precisa ser aprendida; ninguém nasce sabendo como estar atento ao ato sexual, e nossa cultura não incentiva ninguém a aprender.

Digamos que há muitos anos você assiste a esportes na TV. Alguns veem da mesma maneira a vida toda; outros o fazem de maneira mais complexa quando conhecem melhor o jogo, e com o tempo vão perdendo a paciência se são interrompidos por anúncios infantiloides ou se faltam *replays* instantâneos e muitas câmeras. Enquanto muitos vão aos jogos do Super Bowl para beber e conversar, outros preferem ficar em casa e assistir aos jogos mais atentamente, e não se queixam de "ter" que prestar atenção para apreciar melhor o jogo. Para eles, é um prazer a mais.

* * *

É interessante que as pessoas resistam prestar atenção durante o sexo: elas fecham os olhos durante o ato sexual, preocupam-se mais em inventar do que sentir o sexo, têm medo de descobrir algo desconfortável em si mesmo, sentem-se oprimidas pela experiência ou alienadas dela para se aproximarem uma da outra depois o ato sexual – ou seja, para prolongar o encontro erótico após o orgasmo, sentindo o corpo do parceiro junto ao seu.

Além disso, a tecnologia digital e aparelhos como smartphones são uma forma nova e preocupante de desviar a atenção.

Muita gente acredita que os aparelhos multifuncionais não só são inofensivos, mas vantajosos e até necessários para administrar o mundo moderno. As pesquisas apontam que tarefas repetitivas como vestir-se ou limpar a pia da cozinha são uma boa maneira de nos organizarmos. Contudo, para atividades mais complexas, os aparelhos multifuncionais são definitivamente prejudiciais. As primeiras coisas que esses aparelhos destroem são a criatividade e a conexão íntima entre as pessoas. Você concorda que o sexo envolve ao menos uma delas? Se concorda, os aparelhos multifuncionais e o sexo não se misturam.

Os adolescentes ocidentais enviam e recebem milhares de mensagens de texto por mês, o que significa que enquanto teclam não estão dormindo nem estão na escola. O número médio de mensagens por mês que crianças menores de 12 anos recebem e enviam é quase a metade do das maiores. Os adultos podem achar uma loucura, mas eles também trocam o mesmo número de mensagens. Meus pacientes se queixam que seus cônjuges teclam na mesa de refeições; os cônjuges alegam que podem ouvir enquanto teclam. Para mim, isso revela a qualidade do que é ouvido.

Muitos consideram aceitável atender ao telefone ou *teclar mensagens* no meio de uma conversa entre duas pessoas. Mesmo que você não aceite que esse hábito interfere na conectividade humana, ao menos concorda que a qualidade da conexão é alterada. E nossas expectativas pessoais em relação à intimidade e ao sexo também mudam.

Nos anos 1970, foi preciso desenvolver uma etiqueta para usar os caixas eletrônicos (por exemplo, a distância que a próxima pessoa da fila deveria manter daquela que está a sua frente). Similarmente, os jovens fariam bem se criassem uma etiqueta para teclar textos depois do sexo: Quanto tempo uma pessoa educada deve esperar para teclar depois do sexo? Quantas mensagens são aceitáveis? Quanta privacidade seu parceiro sexual deve ter para teclar?

É inevitável que logo surjam inúmeras comédias românticas com os casais teclando *enquanto* fazem sexo. Se *Rede de intrigas* de Sidney Lumet (1976) fosse filmado hoje, Faye Dunaway estaria teclando durante o sexo – e William Holden não entenderia nada e ficaria espantado. Eles pertenciam, se você se lembra, a gerações diferentes.

Sabe o que Albert Einstein disse sobre fazer várias coisas ao mesmo tempo? "O homem que consegue dirigir com segurança enquanto beija uma moça bonita não está dando a devida atenção ao beijo."

Uma nova definição de "sensual"

Há uma história apócrifa sobre Don José, o mais famoso toureiro da Espanha.

No auge da carreira, alguns jornalistas conseguiram marcar uma entrevista. Quando chegaram a sua mansão fora de Madri, o encontraram de avental de renda na cozinha, lavando a louça.

"É o dia de folga da empregada", ele explicou. "Já estou terminando."

Os jornalistas se entreolharam, espantados.

"Bonita sua casa", um deles disse, "e agradecemos por ter nos recebido. Mas o que é isso? Você, um herói nacional, corajoso, talentoso, símbolo da masculinidade para todos os homens e todas as mulheres da Espanha, está aí com um avental de renda cor-de-rosa, *muy delicado, muy femenino*".

"Feminino, eu?", ele respondeu, os olhos brilhando. "Sou um símbolo da masculinidade na Espanha. Tudo o que faço é masculino. E é por isso mesmo que uso um avental cor-de-rosa."

Se Don José faz assim, você também pode fazer. Pode decidir o que é masculino, feminino ou sensual – e seria uma tolice inventar uma definição da qual você se excluísse. Seria como fundar um clube cujas regras o tornassem inelegível para participar da sociedade.

Por que ficar limitado a John Wayne e Kanye West, Mae West e Jessica Alba, *Sexy and the city* e *Mad men* (ou mesmo *Silêncio dos inocentes*) ou a *qualquer* outra imagem? Todo mundo precisa ter suas próprias imagens do que considera sensual. Veja alguns exemplos do que pode ser *muy erótico, muy caliente*:

- Lembrar *exatamente* como o parceiro gosta que seus cabelos sejam acariciados.
- Levar para a cama um quitute especial.

- Beijar de olhos abertos.
- Ter um par de meias à mão se os pés do parceiro estiverem frios.
- Levar o lubrificante quando forem para a cama, em vez de esperar até "precisar" dele.
- Limpar gentilmente a vulva da parceira antes do sexo ou depois de ejacular entre os seios dela.

É um grande erro ficar preso a definições de ideias claramente limitadas como sensual, feminilidade, "sexo bom" ou "bom amante"; ficar preso a definições que o excluam por você ser como é não só é um erro, mas o contrário da Inteligência Sexual, um obstáculo real para a satisfação sexual. Imagine-se anunciando um carro ou um tênis novos. Você se desculparia com o público porque o produto não é bom ou diria que é a própria perfeição? Você diria "tomara que lhe agrade" ou "confie em mim, é o que você estava esperando há muito tempo"?

Porque quem diz, "mas isso e aquilo é a imagem que sempre tive de sexualidade ou masculinidade e não vou mudar", eu lhe sugiro então que não mude, mas que a expanda. Decida que o termo "sexy" pode servir tanto para Lady Gaga quanto para *você*, e "macho" pode servir tanto para um lutador de boxe *quanto* para você. Você pode criar a categoria que quiser, desde que o qualifique pessoalmente.

Se isso lhe parece arbitrário, você tem razão. *É* arbitrário, como são todas as categorias. Por que Britney Spears naquele ano, Lindsay Lohan no outro, e agora nem uma nem outra? É tudo modismo – o que significa que essas categorias são consensos meramente arbitrários, sem nenhum valor intrínseco. Entre quatro paredes, o único consenso necessário é entre você e seu parceiro. E começa por você. Decida-se: você é ou não é sensual?

Dê-me uma única razão para que não seja!

Comunicar-se para obter resultados

No Capítulo 5, vimos como é importante que a comunicação seja uma habilidade *técnica* e não *emocional*. Vimos que quando alguém teme as consequências da comunicação (se seus argumentos fazem sentido ou não), é natural que hesite em conectar-se verbalmente.

E vimos no capítulo anterior que algumas pessoas dão uma importância especial a *não* comunicação – porque é mais romântico, porque o sexo fica mais "espontâneo". Não se comunicar para deixar o sexo mais romântico e espontâneo é como andar descalço para não ferir os pés. É como deixar o guarda-chuva no carro para não se molhar. E como diria minha mãe, é por fogo na casa para assar o pernil.

Não, você se valoriza muito mais quando se comunica do que quando não está se comunicando. Vamos então dar uma olhada no aspecto prático/técnico da comunicação, fazendo uma analogia com a comida.

Se você sabe ou não cozinhar, certamente conhece centenas de palavras que designam os ingredientes, os utensílios de cozinha e o preparo de alimentos. Alguns exemplos:

- *Ingredientes:* Temperos, molhos, legumes, óleos, carnes, laticínios, grãos, adoçantes.
- *Utensílios:* Caçarola, espremedor, frigideira, medidas, cuia, faca, descascador, tábua de picar, prato, geladeira, fogão, abridor.
- *Ações:* Cozinhar, fritar, cortar, medir, bater, moer, misturar, jogar dentro, fatiar, assar, aquecer no micro-ondas (não é o que todos fazem no micro-ondas?).

Agora imagine um casal que vai cozinhar uma carne (ou um simples lanche) sem usar essas palavras. Ficaria mais ou menos assim: "Querido, por favor, pegue X e ponha Y dentro de um Z por alguns minutos. Depois..."

Por mais que eles saibam decifrar charadas, seria impossível conseguir qualquer coisa mais complicada que despejar um copo de água. No mínimo, cada ação levaria um tempo absurdamente longo. E os dois ficariam muito frustrados. Então, um vocabulário comum é essencial para que duas pessoas façam qualquer coisa juntas, seja construir um bebedouro para os pássaros ou preparar um jantar, limpar o banheiro ou fazer sexo. É por isso que usamos palavras para denominar as partes do corpo, as atividades eróticas ou nossa experiência subjetiva. "Querido, use o você-sabe-o-quê para fazer você-sabe-o-quê no meu você-sabe-o-quê" não chegará a lugar nenhum.

Isso me lembra a história bíblica da Torre de Babel. Quando Deus decidiu interromper a construção do grande edifício que alcançaria o céu, Ele não precisou tirar as ferramentas e os materiais das mãos das pessoas. Simplesmente fez com que cada uma falasse uma língua que ninguém mais pudesse entender. O projeto foi interrompido no mesmo instante.

O vocabulário da pessoa faz parte da Inteligência Sexual e é fundamental para um sexo prazeroso. Se seu vocabulário consiste basicamente de "lá embaixo" ou "você sabe onde", será difícil orientar, informar e participar com seu parceiro. E é muito improvável que você tenha a experiência sexual que espera ter.

Então, assumindo que você esteja convencido de que é uma ótima ideia conversar sobre sexo com seu parceiro, como faria isso?

Comecemos pela cama, durante o sexo.

Vantagens e desvantagens de comunicar-se sobre sexo na cama

- Peça ao parceiro para fazer uma ou várias coisas que você sabe que gosta. (Sexualmente, é claro; não é hora de pedir ajuda para instalar o antivírus no computador.)
- Fale mais o que você quer e menos o que não quer. Por exemplo, em vez de "está muito rápido,", diga "gostaria que fosse mais devagar".
- Se disser "não faça isso", acrescente "mas faça aquilo".
- A menos que algo terrível tenha acontecido (romper a camisinha, descobrir que o parceiro fingiu orgasmo), deixe a conversa *séria* para depois do sexo.
- Não há nada que diga mais "estou aqui com você" do que a troca de olhares. Olhe o parceiro durante o ato sexual, especialmente quando estiver falando ou ouvindo. Se os gemidos do orgasmo merecem um olho no olho, o mesmo acontece quando você diz "espere um pouco, ainda não".
- Deixe "nunca mais faça isso" e "quantas vezes tenho que dizer" para quando terminar o ato sexual – ou bem mais tarde, para a semana seguinte. Talvez nunca.
- Pegue a mão do parceiro e se acaricie (perna, cabelo, nádegas, nariz, o que for). E sussurre "gosto disso".
- Não diga que um ex-parceiro fazia melhor alguma coisa.
- Nunca diga que o outro era mais bonito, mais sensível. Nem que em outra cama não havia migalhas de pão.
- Não pergunte "onde você aprendeu isso?" Nem "quem te ensinou?".
- Se você gosta de alguma coisa, diga.

- Se você gosta muito de alguma coisa, insista.
- Mas jamais diga que alguma coisa foi boa se não foi.
- Não pergunte "por que você fez isso?", diga apenas "não, obrigado".
- Se o parceiro disser "amo você", não é preciso responder imediatamente; sorria e diga apenas "que bom!" Mas jamais diga "eu te amo" se não for verdade. Ou se não pretende dizer novamente nos próximos trinta dias.

Às vezes, o melhor momento e o melhor lugar para haver uma comunicação sobre sexo é fora do quarto. A seguir, alguns exemplos do que dizer ou conversar quando vocês *não estiverem no meio do ato sexual*.

Dicas de conversas sobre sexo na cozinha (ou em qualquer outro lugar)

- Pergunte o que significou uma palavra dita, um gesto, um olhar.
- Pergunte se o parceiro gosta ou não gosta de uma determinada coisa.
- Refira-se a cada parte do corpo pelo nome correto.
- Sentem-se próximos para poderem se tocar durante a conversa.
- Usem uma "palavra-código" – bem estranha (*dinossauro*, por exemplo) –, que, dita no meio do ato sexual, signifique "pare com isso! Estou falando sério!" E não use a palavra escolhida em outro contexto.
- Combinem um plano de ação: "Saiba que não vou mais aceitar X, então, por favor, não me peça nem tente fazer".
- Combinem um anticoncepcional – qual, quando e como usar.

E um aviso: "esforçar-se" não tem lugar nessa conversa. Contracepção diz respeito ao que você faz e não ao que você quer fazer, quer se lembrar de fazer ou pensa que deve fazer.

- Esclareça e resolva qualquer discrepância em relação à logística: temperatura do quarto, beber durante o sexo, deitar-se de meias, falar obscenidades, trancar a porta e outros.
- Descreva a atual situação do corpo, temporária ou permanente: dor lombar, dificuldade de apertar as mãos, asma. Se necessário, diga se você é destro ou canhoto (um fator importante para se posicionar no sexo oral). Diga também onde você é mais flexível ou rígido – por exemplo, quadris ou braços (uma parte importante, caso você tenha que se apoiar sobre as mãos ou sobre os joelhos).
- Não julgue o que você não gosta ("humm... que coisa mais obscena/perversa/pouco romântica"). Se você não quer fazer alguma coisa na cama, não precisa justificar. Nem justificar o desinteresse, criticando a atividade ou o parceiro.
- Você não precisa ser a Amazon.com para indagar: "Se você gosta de X (alguma ação ligada ao sexo), não gostaria também de Y? (uma ação similar ligada ao sexo).
- "Qualquer dia desses, quando fizermos sexo, você não gostaria de tentar X?".
- "Você já sabe que quando não estamos bem, perco o interesse no sexo." A menos que você seja um caso mais raro: "Quando não estamos bem é quando eu sinto mais vontade de fazer *sexo*".

Se você usa outras palavras ou se quer ou não outras coisas, mas se suas conversas se assemelham a essas, tudo bem – desde que a comunicação tenha como objetivo esclarecer para aumentar a intimidade. Sei que às vezes, durante um almoço ou um drinque, um amigo nos conta uma história pessoal com tantos detalhes que pensamos "Hummm... informação demais". Mas no sexo praticamente não existe isso – se a comunicação visa o esclarecimento e a aproximação, e se você está atento ao que acontece, mais informação é sempre melhor do que menos.

Além de estar atento às suas condições, às suas experiências e aos seus conceitos, comunicar-se é uma das melhores maneiras de ampliar sua Inteligência Sexual.

CAPÍTULO 9

Aceite o inevitável
Os desafios da saúde e da idade

Kelli estava feliz com a gravidez. Tenista dedicada, ela estava em excelente forma física e a médica lhe garantiu que teria uma gravidez tranquila. Uma semana depois ela começou a comer. E engordou. E começou a odiar todo mundo.

O marido, Hector, cuidadosamente diminuiu o ritmo normal das relações sexuais (umas duas vezes por semana), sabendo que era apenas temporário e que ela, evidentemente, não se sentiria bem. Além de não estar muito disposta a brincadeiras naquele momento.

Três meses depois, os hormônios de Kelli se acalmaram e ela parou de comer. À medida que a barriga crescia, aos poucos ela voltou a gostar de si mesma e ser simpática com todos – menos com o marido. E, principalmente, não queria saber de sexo. Nem mesmo beijava o marido porque o hálito dele lhe provocava náusea. Diferentemente de outros maridos que caçoam, constrangem e rejeitam a esposa grávida, Hector continuou carinhoso, dizendo a Kelli que ela estava linda e que a desejava.

Enquanto isso, a barriga crescia e ela não estava gostando nada disso.

No começo, Kelli dava inúmeras desculpas para se afastar de Hector, depois arranjou outras, e na primeira grande briga que tiveram pelo mesmo motivo, ela o acusou de não ser sincero quando dizia que a achava bonita naquele estado. Surpreso, ele reforçou sua opinião. E ela se defendeu: "Você está desesperado para transar depois de tanto tempo". Ele negou e ela se zangou ainda mais. Após várias semanas de batalhas recorrentes, ela declarou em sessão: "Ele não quer saber, quer apenas que eu me sinta melhor. Bom, já deu para perceber que não está dando certo. Não sou idiota – sei que estou uma baleia!"

Kelli disse que aguentaria se Hector fosse sincero, se ele a rejeitasse durante a gravidez, mas não suportava aquela sua arrogância quando tentava manipulá-la.

Hector tentava em vão encontrar uma conexão com ela, até que, perplexo e magoado, se afastou. A situação piorava a cada dia. E eu não tirava os olhos do calendário: em apenas 11 semanas Kelli daria à luz, e aí, sim, a vida deles viraria de cabeça para baixo. Não havia tempo para recuperar aquele casamento; eu gostaria muito que fosse já, que eu pudesse fazer o melhor possível antes de a criança nascer. Para mim, era mais urgente do que para eles, o que jamais é uma boa estratégia terapêutica.

Como fazer Kelli considerar a possibilidade de Hector estar dizendo a verdade e convencê-la de que ela expressava a repugnância que sentia somente de si mesma?

"Kelli, e se ele estiver sendo sincero?", perguntei.

Ela respondeu com raiva:

"Então, ou ele não gosta mais de mim, o que é uma merda, ou jamais olhou para mim realmente, o que também é uma merda, ou eu invento tudo isso e estou ficando louca. Não sei o que é pior."

As duas primeiras alternativas eram completamente falsas.

Na verdade, ela projetava nele a rejeição por si mesma. Durante muitos anos ela se identificou com o próprio corpo – nem tanto com a aparência, mas com a agilidade, a leveza, o bom preparo físico. Tinha perdido tudo – e temia jamais recuperar. Era como ela pensava, sentia-se egoísta por isso, questionava se tinha sido uma boa ideia engravidar – e tudo começava outra vez.

Uma semana, inesperadamente, ela perguntou:

"É seguro fazer sexo durante a gravidez?"

Então ela temia perder também a sexualidade, outra coisa com a qual tinha forte identificação. Eu perguntei o que a médica lhe dissera.

"Ah, ela disse que ficaria tudo bem, mas não acreditei. Não me parece que ela já tenha feito sexo alguma vez, e Hector e eu, bem, nós somos muito atléticos..."

Ele riu, e ela sorriu timidamente. Foi simpático.

"Não só vocês podem fazer sexo agora", eu disse, "como podem fazer depois que você der à luz".

"Mas eu ouvi dizer que os casais demoram um ou dois anos para retomar o sexo. E não gostei do que ouvi. O Hector vai aguentar?"

Eu garanti a ela que mesmo que levasse um ano, ele ficaria bem. (Achei que seria mais instrutivo do que prometer que não demoraria tanto tempo.) Hector fez algumas brincadeiras, todas elas com o tema "vou esperar você".

Kelli temia que Hector não só a rejeitasse agora, mas que seu corpo ficasse "permanentemente desfigurado" e ele não a quisesse nunca mais. E se ela emagrecesse e recuperasse a antiga forma, temia que ele não se interessasse mais por aquela imagem feia que jamais sairia da cabeça dele.

"Você não está falando sério", o marido sempre tão calmo finalmente explodiu: "Já me cansei disso". Era raro Hector falar nesse tom. "Você não gosta da sua aparência atual e tem medo que eu a ache feia pelo resto da vida. Isso é absurdo. Se acha que pode prever o que sinto, está errada. Se for preciso, não faremos mais sexo até você dar à luz. Será difícil, mas eu aguento. Depois que o bebê nascer, voltaremos a fazer sexo e será tão bom como sempre foi, tá bem?". Ela permaneceu impassível. "Está bem? Está bem?", ele insistiu, frustrado.

"Nunca mais será como antes", ela disse finalmente, em um

tom quase desesperado. "Você continuará sendo o mesmo homem sensual e eu vou sentir desejo por você. Outras mulheres também. Mas eu estarei acabada. Você não vai me querer mais, eu não vou gostar de mim mesma e só encontrarei pessoas derrotadas pelo caminho."

"Você está certa", eu disse a Kelli, para a surpresa de Hector. "Nunca mais será como antes. A questão é se vocês dois conseguirão que seja tão bom quanto antes, mas de um jeito diferente. Kelli, você diz que o interesse do seu marido por você é superficial e por isso se sente ansiosa em relação ao futuro. Mas se puder ouvir, talvez Hector queira lhe dizer alguma coisa."

Realmente, Kelli jamais parou para perceber que Hector a desejava mais do que ao seu corpo perfeito.

"Kelli, pense que Hector possa desejar você de várias maneiras, que ele a vê como uma mulher atraente e que existem várias maneiras de as pessoas se conectarem sexualmente. Se puder fazer isso, o resto será mero detalhe. Quando você insiste em dizer que Hector é inflexível em seu desejo pela esposa, é mais imaginação sua do que o que realmente acontece com ele. Felizmente, Hector manterá a imaginação dele e o desejo que sente por você no casamento, mesmo que você duvide disso. O desejo que ele sente é como a força da gravidade: está presente, mesmo que não seja vista. E insistir que Hector não a deseja é perda de tempo."

"Você quer que eu confie nele de olhos fechados", Kelly disse devagar, e eu concordei. Mas ela não tinha certeza se podia confiar já.

"Sim, talvez você não consiga confiar já."

Kelli percebeu o novo ponto de vista.

"Então eu tenho uma escolha."

Concordei novamente.

"Sim, primeiro tome a decisão de confiar, depois veremos o que fazer."

Kelli não concordou de imediato, mas percebeu que era uma saída para seu dilema. Por mim, eu estava satisfeito – ao menos, até nossa próxima sessão.

* * *

Desenvolvemos um modelo de sexualidade quando temos um corpo jovem e saudável. A maioria só tem esse corpo por alguns anos e ninguém o conserva por mais que dez ou 20 anos. Então, se quisermos sentir prazer no sexo quando desenvolvemos um corpo diferente, o melhor a fazer é ter um modelo de sexualidade que esteja disponível.

Sem essa visão, será difícil sustentar nosso desejo, porque questionaremos nossa capacidade de atrair o outro e nossa elegibilidade para o sexo. E se nosso parceiro tiver quase nossa idade, também teremos dificuldade de vê-lo como uma pessoa atraente e desejável.

Idade e saúde têm efeitos poderosos na experiência sexual das pessoas. Dentre os que mais interferem estão os efeitos colaterais dos medicamentos; o sexo durante a gravidez e após o nascimento da criança; os efeitos colaterais dos anticoncepcionais; menor resistência e dificuldade de movimento; a menopausa; dores crônicas; e mudanças inesperadas nas funções corporais, entre elas o desejo, a lubrificação, a ereção e o orgasmo.

Baseando-se nos padrões exibidos por um corpo jovem durante o sexo (resistência, flexibilidade, desejo, ereção, lubrificação, orgasmo e outros), muita gente com mais de 35 anos "falhará" muitas vezes. Em vez de aproveitar o que um corpo mais velho e uma cabeça mais madura podem inventar para o sexo, muitos preferem comparar o que *são* hoje com o que *foram* ontem. É uma distração terrível, por mais positiva que a comparação possa ser.

Para que a satisfação sexual após os 35 anos seja mais plena, o sexo deverá ser aceito em um novo contexto. Afinal, o "sexo bom" jamais será novamente como "já foi" – se for preciso dois corpos saudáveis e jovens. E, principalmente, se você (ou seu parceiro) tiver um ou mais problemas de saúde comuns, terá de se sentir bem para redefinir "sensual" de modo a incluir alguém – você – em uma condição física definida especificamente como *não sensual*.

Só então você pode tirar vantagem dos fatos e das técnicas que deixam o sexo tão mais prazeroso. Caso contrário, é como ter aulas de piano ouvindo um iPod. Nem o melhor professor do mundo poderá lhe ensinar alguma coisa.

* * *

Como já vimos, é importante criar um modelo idiossincrático de sexualidade que seja seu – gostar do que você quer introduzir e lamentar o que perdeu e, portanto, não pode ser mais usado. Há tanta (falsa) animação na mídia em torno de "envelhecer bem" e "vitalidade sexual por toda a vida" que acredito que as pessoas subestimem as dificuldades emocionais. É como fazer uma viagem a Cuba pelas belas praias, a ótima música e as mulheres sensuais, mas ignorar a pobreza degradante.

Problemas comuns de saúde e impactos sexuais

Você deve se lembrar do que dissemos sobre as "zonas erógenas", de que se trata de um conceito limitado porque existem sensações sexuais pelo corpo inteiro.

Para mim, os conceitos de "função" e de "disfunção" sexual são tão limitados quanto, porque fazem uma distinção artificial entre as reações corporais que são sexuais e outras que não são. Uma dor de cabeça terrível que transforma um fim de semana romântico em um pesadelo solitário é um problema tão sexual quanto uma ereção não confiável ou uma ardência na vagina.

Então, antes de entrarmos em detalhes específicos sobre os problemas da saúde e da idade, vejamos alguns problemas de saúde "não sexuais" que costumam ter consequências sexuais:

- [ ] Insônia
- [ ] Diabetes
- [ ] Artrite
- [ ] Síndrome da fadiga crônica
- [ ] Fibromialgia
- [ ] Asma
- [ ] Dor de cabeça
- [ ] Hipertensão
- [ ] Hérnia de disco degenerativa
- [ ] Infecções do trato urinário
- [ ] Lúpus
- [ ] Síndrome da bexiga irritada
- [ ] Síndrome de Asperger
- [ ] Obesidade
- [ ] Desequilíbrio hormonal
- [ ] Zumbido no ouvido
- [ ] Tendinite
- [ ] Depressão
- [ ] Demência
- [ ] Ciática
- [ ] Hipotireoidismo
- [ ] Síndrome de Sjogren

... Ou quaisquer outras que dificultem o convívio, impeçam as pessoas de ficarem juntas, de se gostarem, de prestarem atenção ou de sentirem prazer.

Se você está pensando que provavelmente todas as doenças tenham um componente sexual, sim, você está certo.

* * *

Todo mundo adoece em qualquer idade e nem por isso é considerado "velho". Dito isso, muitos pontos de vista e estratégias já discutidos aqui se aplicam de forma similar aos desafios que a idade coloca para o sexo.

Você já conheceu muitas ferramentas que a Inteligência Sexual tem a oferecer para ajudá-lo a entender e abordar os desafios da saúde e da idade para o sexo. Entre eles:

- Conversar com o parceiro.
- Abandonar hierarquias sexuais.
- Saber que o sexo não tem valor inerente e que é você quem o valoriza.
- Saber quais são suas condições para fazer um sexo bom e informar o parceiro.
- Abandonar a necessidade de "ser espontâneo" no sexo.

Agora veremos como aplicar as ideias e suas ferramentas.

Os efeitos sexuais dos medicamentos

Inúmeras drogas têm efeitos colaterais sobre o sexo e podem enfraquecer o desejo, dificultar a ereção e inibir o orgasmo. As mais comuns cujos efeitos colaterais interferem no sexo são:

- Antidepressivos
- Diuréticos (usados na hipertensão)
- Analgésicos (medicação para a dor)
- Anti-histamínicos
- Antiansiolíticos (para a ansiedade)
- Antiepilépticos
- Anti-hipertensivos
- Supressores de apetite

- Contraceptivos orais
- Quimioterapia contra o câncer

Os remédios não precisam ter influência direta na função sexual para atrapalhar nossa experiência e nossas relações sexuais. Alguns deles afetam a sexualidade de outra maneira:

- Deixando um gosto estranho na boca
- Provocando muita sede
- Deixando você sonolento
- Mentalmente lento
- Provocando rangido de dentes, ronco ou tremores
- Exigindo que você não beba álcool
- Mudando o cheiro do suor e do hálito
- Deixando propenso à depressão

Esses efeitos podem inibir o beijo e o sexo oral, deixar você menos atraente como parceiro, alienar você do seu próprio corpo e da sua sexualidade, ou simplesmente tornar o sexo uma das últimas prioridades da sua vida.

Não é de admirar que os efeitos colaterais das drogas sobre o sexo são uma das principais razões para que as pessoas não cumpram as ordens médicas de usar um remédio por tempo determinado. (Se for seu caso, marque uma consulta rapidamente para rever ou mudar a dosagem do seu medicamento.)

Infelizmente, os médicos mal conversam com os pacientes ao prescreverem uma nova droga. O mesmo fazem os farmacêuticos que aviam as receitas. Esses profissionais conhecem os efeitos colaterais dos remédios sobre o sexo e sabem que por isso os pacientes deixam de tomá-los. Em vez de conversarem com seus pacientes sobre os efeitos colaterais de uma determinada droga sobre a atividade sexual, deixam-se levar pela vergonha, pela desinformação, pelo medo à reação do paciente e por uma noção errônea de cortesia e autoridade.

Se você tiver dificuldades sexuais enquanto estiver tomando algum remédio

- Converse com o farmacêutico
- Converse com o médico
- Converse com o terapeuta
- Converse com seu parceiro

E pergunte a si mesmo: minhas dificuldades sexuais começaram ou pioraram quando comecei a tomar o medicamento? Às vezes ficamos tão satisfeitos com o efeito positivo de uma droga em nosso organismo que nem percebemos que ela está contribuindo negativamente em nossa vida.

Ainda falando sobre isso, passemos rapidamente os olhos pelos entorpecentes. Os mais comuns – maconha, cocaína e a família das anfetaminas – têm efeitos interessantes sobre a sexualidade. Muitos usuários dizem que em pouca quantidade despertam o interesse sexual, mas não em grandes quantidades. Então, se a moderação não é o segredo da felicidade para tudo, ao menos nesse caso as chances de que você tenha um sexo mais prazeroso serão maiores.

QUANTOS ENTORPECENTES AFETAM A RESPOSTA SEXUAL

[Gráfico: eixo vertical "DESEJO SEXUAL", eixo horizontal "QUANTIDADE DE DROGA USADA", curva em forma de arco]

Os efeitos do álcool sobre a sexualidade

O álcool também é uma droga e seus efeitos são bem conhecidos na mente e no corpo dos seres humanos.

Há milhares de anos o álcool é considerado uma droga desinibidora; ou seja, deixa as pessoas mais relaxadas, menos ansiosas, mais soltas, mais ousadas, menos preocupadas com as convenções sociais. Portanto, permite que elas façam coisas que comumente não fariam ou não fariam por se sentirem constrangidas.

O álcool também diminui a velocidade dos reflexos, reduz a coordenação olhos-mãos, inibe a discriminação motora, deixa a fala indistinta e provoca sono. Portanto, dificulta e até impede os movimentos mais sutis. Por isso é tão difícil abrir um sutiã ou um envelope de camisinha. É mais difícil ter e manter a ereção, e a lubrificação vaginal, sob o efeito do álcool.

Temos aí um conflito, que Shakespeare descreveu tão bem em *Macbeth*: "Provoca o desejo, mas esvazia o desempenho". E, portanto, "a luxúria, senhor, provoca *e* não provoca". Ou seja, diminui a inibição – o que muitos esperam que aconteça no sexo –, mas dificulta o desempenho – impede que o corpo faça o que quiser.

Muitos procuram o efeito desinibidor do álcool (se não para si, ao menos para o parceiro), mas não querem pagar o preço de ter a função diminuída. Afinal, de que serve estar mentalmente relaxado para sentir prazer no sexo se o corpo está dormente e você mal consegue sentir as próprias pernas?

Qual seria, então, o equilíbrio ideal entre *alguma* desinibição sem *grande* perda de função? Quando faço essa pergunta a meus pacientes, alunos e colegas, a resposta costuma ser três doses, ou quatro, mas raramente cinco. (Quem sugere cinco ou nunca bebeu ou está tremendamente ansioso para fazer sexo.) Embora divergente, a resposta é, em média, uma dose. Está certo – depois de beber dois terços de uma dose, beber mais vai prejudicar a experiência sexual porque retira mais da função do que acrescenta ao relaxamento e à diversão.

COMO O ÁLCOOL AFETA A "FUNÇÃO" SEXUAL

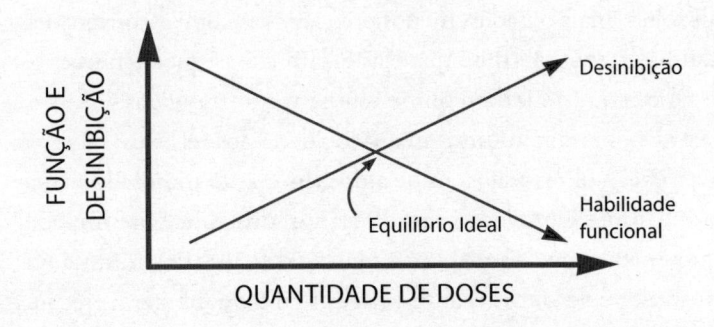

Eixo Y: FUNÇÃO E DESINIBIÇÃO
Eixo X: QUANTIDADE DE DOSES
Linhas: Desinibição / Habilidade funcional / Equilíbrio Ideal

Mas depois que as pessoas bebem uma dose, elas acreditam que se beberem mais *não* perderão em termos de função – pois quando bebemos ficamos menos sensíveis ao que o nosso corpo faz e sente. E porque, quando nos embriagamos, tudo o que nos irrita passa a ser divertido – naquele momento.

Então, o álcool é outra droga que, em se tratando de sexo, o melhor é "moderação".

Uma palavra sobre a dor crônica

Dor crônica: é irritante, cansativa, constrangedora e uma sentença de morte.

Quem tem dor crônica não se cansa de falar dela; quem não tem, se cansa de ouvir. E o silêncio é o terceiro elemento na cama. O sexo envolve Ron, George e a dor de Ron.

Uma traição e tanto! Todo mundo que tem uma dor crônica se lembra de quando ela não existia: "Ah, aquilo sim é que era vida!"

Ninguém quer adaptar sua vida sexual a uma dor crônica. A pessoa se sente velha, fraca, vulnerável, egoísta e não sensual. E patética! É obrigada a aceitar o caráter definitivo da dor, o fato de não ser um problema temporário, mas permanente. Só por isso tanta gente não quer adaptar sua vida sexual às dores que sente – o aumento do prazer simplesmente não compensa essa deprimente lembrança de uma terrível verdade. Não, é melhor sentir dor no sexo do que lembrar que a dor é permanente.

Se você sabe (ou desconfia) que seu parceiro sente dor quando faz sexo, segure-o com firmeza, tire o controle remoto da mão dele e diga: "Te peguei!". Você pertence ao Esquadrão da dor e quer conversar com ele; mais especificamente, como vocês dois podem adaptar o sexo de modo que ele sinta menos dor (note que a proposta é menos dor e não dor nenhuma).

Adaptar o corpo para diminuir a dor pode ser uma providência tão simples quanto trocar de lado na cama, mudar de posição ou usar travesseiros sob as nádegas, os ombros, os pés e o pescoço. Também ajuda tomar um analgésico ou um banho quente alguns minutos antes de fazer sexo. Ou cinco minutos de massagem – pescoço, ombros, mãos – imediatamente antes do sexo; ou três minutos de relaxamento e respiração silenciosos; ou fechar os olhos e visualizar os músculos e as articulações relaxados um pouco antes de fazer sexo. As pessoas raramente se lembram de tomar providências tão simples. Se esse for seu caso, crie a necessidade. Ah, e ajude seu parceiro a superar a crise existencial quando ele aceitar que terá de conviver com uma dor crônica.

Imagem corporal comprometida

Nós, ocidentais, aprendemos a sentir vergonha se nossa aparência corporal não corresponder ao que imaginamos ser. Isso vale tanto para os sinais do tempo (as rugas) quanto para as demais características físicas: peso, postura, assimetria facial, forma física, cicatrizes, ferimentos visíveis e aparelhos artificiais (bengala, cadeira de rodas e outros). Todos esses aspectos podem não corresponder ao que os outros veem (e, especialmente, ao que vemos no espelho) e ao aspecto saudável e "normal" que imaginamos ter.

Todo mundo sabe do que estou falando. Eu não me *sinto* como alguém da minha idade e com meu peso – mas se você me vê de fora, vê o que é e, evidentemente, acredita que seja exatamente como você está vendo. Essa é uma das razões para tanta gente não gostar do próprio corpo – por ele ser um veículo por meio do qual nós acreditamos que somos vistos da maneira errada.

Essa é uma rotina que, embora dolorosa (e perigosa para alguns), faz parte da adolescência, mas pode recomeçar (ou durar) lá pelos 30 anos, depois que os filhos nascem, quando o cabelo já se foi, quando você se aposenta e outras tantas ocasiões. É comum ouvir queixas do tipo: "Como sou agora? Eu me sinto sensual (ou jovem), mas meu corpo não acompanha (ao menos não para mim)."

Então nosso estresse é provocado por uma, duas ou pelas três das coisas que seguem: beleza (não sou mais tão bonito quanto já fui); dissonância (minha aparência não corresponde ao que imagino ser); e sensualidade (embora não me encaixe na definição oficial de sensualidade, sei que sou sensual).

Tanto a idade quanto a doença exigem que a pessoa problematize o corpo. De um modo geral, os adultos combatem a idade e as doenças em um corpo mais velho, cuidando (mal) dele e trabalhando-o (com rancor). Se o corpo é motivo de frustração, decepção, tristeza e um sentimento de ineficiência, é difícil imaginar que alguém possa desejá-lo ou imaginá-lo como fonte de prazer.

Portanto, lembre-se de que ser sensual diz respeito a quem você é, e não a como as pessoas o veem. Quando alguém conhece e gosta de você, o corpo vem junto. Você deveria tratá-lo como um convidado de honra e não como uma carga pesada.

Isso é especialmente válido quando o casal entra no quarto e tira as roupas. Você teme que seu parceiro se decepcione, talvez por imaginar como você seria dez, vinte anos atrás. Se você não se sente à vontade com sua aparência física, deixe tudo isso para lá e deixe o sexo acontecer sem ser interrompido por seus julgamentos e constrangimentos. A cultura é nossa única aliada; como disse o antropólogo sexual Mickey Diamond, "A natureza ama a diversidade. Infelizmente, a sociedade a odeia".

O que esperar com a idade

Vamos ver algumas mudanças que são comuns à medida que a idade avança, e compará-las com outros aspectos da sua sexualidade que podem *não* mudar quando a pessoa envelhece. O que eu quero dizer com "mais idade" e "mais velho"? A partir dos 40 anos. Mas a quilometragem pode variar substancialmente. Alguns estão sexualmente exaustos já aos 30 anos, enquanto outros retardatários estão apenas começando na meia-idade.

Em primeiro lugar, o que *muda* na sexualidade com a idade?

- O *desejo*: Em geral diminui.
- *A lubrificação vaginal*: Tipicamente, volume e consistência diminuem.

- *A ereção:* Requer mais estimulação; não é mais tão rígida nem tão longa.

- *O orgasmo:* Demora mais, não dura tanto nem é tão forte.

- *O tempo entre uma ereção e outra:* O tempo entre a ejaculação e a próxima ereção aumenta.

- *As preferências:* O repertório sexual diminui e a criatividade também. Às vezes acontece o contrário: pessoas que antes eram inibidas ganham um novo ânimo (um novo parceiro? uma experiência de quase-morte? a mãe casou de novo?) e o cardápio sexual se amplia porque elas passam a experimentar mais.

Em segundo lugar, a sexualidade pode *permanecer estável* com a idade? Mesmo que os aspectos da sexualidade citados abaixo fossem baixos na juventude e assim continuassem na idade adulta, ou se fossem altos na juventude e continuassem altos na idade adulta, permanecem estáveis

- O desejo de proximidade
- O desejo de ser desejado
- O desejo de gostar do próprio corpo
- A experiência do orgasmo
- O nível de desejo
- As fantasias com conteúdo e em quantidade
- As preferências

"FUNÇÃO" SEXUAL E IDADE: ALGUMAS MUDAM, OUTRAS SÃO CONSTANTES

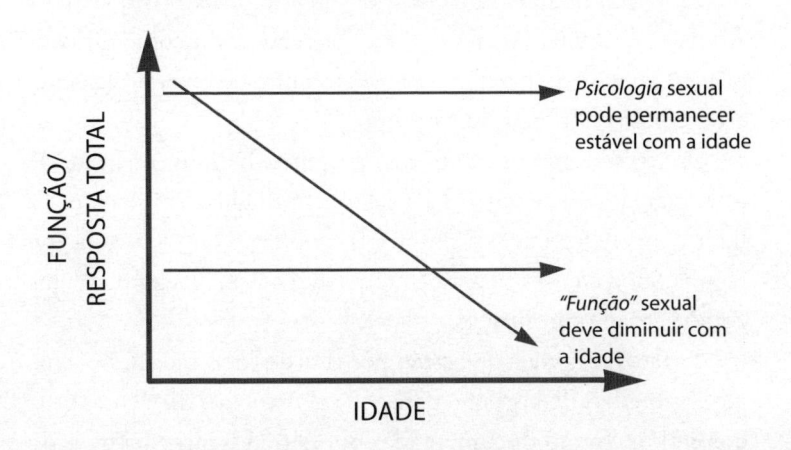

FUNÇÃO/RESPOSTA TOTAL (eixo vertical)

Psicologia sexual pode permanecer estável com a idade

"Função" sexual deve diminuir com a idade

IDADE (eixo horizontal)

Observe que, ao longo da vida, a *função* sexual muda com a idade, mas a *psicologia* sexual pode permanecer estável. A Inteligência Sexual fornece ferramentas e motivação para que sua sexualidade mude para acomodar esse contraste à medida que você envelhece. Esse é um aspecto importante, porque você continua tendo prazer no sexo, mas diminui a habilidade do corpo para fazer o que estava acostumado.

Então, o envelhecimento não é um ladrão que rouba sua sexualidade; rouba a *versão* da sua sexualidade — aquela que tem como base a função. E quando acontecer, é você quem vai decidir se perdeu ou não a sexualidade. Com coragem e interesse emocional, é possível reinventar-se sexualmente, construindo uma vida sexual satisfatória e trabalhando as mudanças que acontecerem em sua função.

O mito do "pico sexual"

Todo mundo quer saber quando vai atingir seu "pico sexual". Ainda falta muito? Acontecerá na hora certa? Vai coincidir com o "pico sexual" do parceiro? Em se tratando de sexo, o Ocidente está repleto de montanhistas.

Os seres humanos fazem essa pergunta há muito tempo, de uma maneira ou de outra. Mas o homem moderno ainda tem de lidar com interpretações simplistas, erradas e popularizadas de alguns fatos-chave – repetidos tantas vezes que chegam até nós como verdades profundas.

Os fatos originais que estão por trás de tudo são muito simples: as médias de orgasmo para cada gênero, nos diferentes grupos etários, foram documentadas por Alfred Kinsey há mais de meio século. Vinte anos depois essas informações foram popularizadas por Gail Sheehy, Shere Hite, David Reuben, *USA Today* e outros, e ficaram conhecidas como *o* grande mito: os homens atingem o pico de sua sexualidade aos 18 anos; as mulheres, aos 35. Se fosse verdade, seria grave, mas não seria o fim do mundo. Infelizmente, de lá para cá a preocupação com essa questão aumenta a cada dia.

As respostas mais razoáveis para a pergunta "quando vou atingir meu pico sexual?" são:

- A pergunta é absurda.
- Você se preocupa, mas a pergunta é absurda.
- Ninguém tem pico sexual.
- Depende do que você quer dizer.

Se, para você, "pico sexual" significa rapidez e rigidez da ereção; rapidez e força propulsiva da ejaculação; pensar em sexo o tempo todo e fazer piadas imbecis, então, sim, o pico é por volta dos 18 anos. Mas se "pico sexual" referir-se à idade em que as mulheres estão mais receptivas sexualmente e têm orgasmos mais confiáveis, então, sim, elas atingem o pico por volta dos 35 anos.

Mas essas duas definições são apenas interpretações do termo. Por exemplo, "pico sexual" pode se referir à idade em que as pessoas têm mais prazer no sexo, quando o valorizam mais, entendem melhor o que é, têm as melhores experiências ou se se conectam mais profundamente com seus parceiros por meio do sexo.

O "pico sexual" tanto pode acontecer na idade em que as pessoas têm as experiências mais espirituais com o sexo ou quando elas descobrem que o sexo é um conforto psicológico para a tristeza, a dor e o medo. No outro extremo, "pico sexual" também pode ser a idade em que elas cobrariam mais por seus serviços sexuais. Então, se vamos usar o termo "pico sexual" (o que eu *não* recomendo), teremos de defini-lo melhor, segundo nossas experiências e aspirações.

Analisemos a questão em outro contexto, digamos, nas atividades esportivas em que as pessoas correm atrás de uma bola como o tênis, o basquete ou o futebol.

Quem pratica essas modalidades esportivas profissionalmente começa já na adolescência. Embora o corpo jovem seja perfeitamente adequado, os garotos dessa idade não estão muito familiarizados com jogos e competição e por isso esses talentosos atletas profissionais do futuro têm limitações.

Aos 24 anos, os profissionais praticam esses esportes em níveis altíssimos – o corpo deles está adaptado e o conhecimento é cumulativo, especialmente se tiverem um bom treinador. Aos 34 anos, o corpo dos atletas já está mais lento – mas por causa da grande experiência, da visão que eles têm do esporte e de seus adversários, ainda podem competir em altos níveis e ao mesmo tempo melhorar o desempenho de seus companheiros de time. Depois dos 44 anos, nem todo o conhecimento do mundo compensará os pés, as mãos, os olhos e as reações, muito mais lentos. Não se vê alguém jogando bola profissionalmente com essa idade.

Mas, para alguns, o desempenho é tão importante que o prazer proporcionado pela prática é definido pelo nível de habilidade. Para outros, há outras coisas nos esportes que também são importantes – às vezes, até mais. Por exemplo:

- A emoção da competição.
- A familiaridade com o jogo.
- A camaradagem entre os colegas de time.
- A atividade ao ar livre.
- As roupas especiais e o uniforme.
- A sensação de dominar a ciência e a estratégia do jogo.
- A celebração com os jogadores mais jovens.

Se você perguntar a jogadores de 40, 50 anos de idade como é praticar esportes, a maioria deles dirá que "não é mais como antes". Alguns gostariam que fosse, outros preferem agora. Mas todos concordam: "Está bem assim". De uma maneira ou de outra, todos eles chegaram ao pico. Mas, se puderem jogar um pouco mais, mesmo depois que os colegas se aposentam, quem pode garantir que eles já atingiram o pico?

Quando, então, homens e mulheres atingem o "pico sexual?" Quem não se interessa mais por sexo. Quem se interessa, ainda não alcançou. E se tiver sorte, não alcançará nunca.

Converse sobre sexo (e seu corpo) com seu médico

Você nem imagina como os médicos aprendem pouco sobre sexo na faculdade. É a única coisa que eles fazem menos que dormir.

A justificativa da maioria dos estudantes é: "Aprendemos coisas mais importantes, como o que pode matar as pessoas". É bem provável que seu ginecologista conheça dez vezes mais sobre câncer cervical do que sobre função sexual. Se você tiver câncer cervical, sorte sua; caso contrário, seu médico não saberá cuidar de você como deveria.

Muitos médicos já me disseram que não abordam temas sexuais para não ofender os pacientes. E eu costumo responder: "Basta dizer a eles que o sexo é o padrão de atendimento mais alto em seu consultório e deixar que se ofendam." Eu mesmo já trilhei por esse caminho; alguns pacientes novos às vezes se ofendem com minhas perguntas aparentemente impertinentes sobre sexo e com minha linguagem direta para abordar essas questões. Depois de um tempo, acabam entendendo minha intenção. Alguns entendem e continuam não gostando. Lembro-me de um paciente que ficava exasperado: "Será que você não consegue dizer 'lá embaixo' como todo mundo?"

De outro modo, quando incentivo meus pacientes a levantar questões sexuais com seus médicos, eles costumam dizer: "Ah, meu médico morreria de vergonha se eu falasse sobre sexo". E assim, como um bando de motoristas nervosos em um cruzamento movimentado, todos esperam que alguém cruze primeiro. Você pode ficar ali parado durante horas.

Mas pense quem são esses jovens que entram na faculdade de medicina – gente que mal tem idade para votar. Pessoalmente, não me sinto inteiramente à vontade para entregar minha próstata a um garoto que passa seus anos dourados em uma biblioteca em vez de aprender a viver; também, não confiaria em um médico que *não* passou anos e anos dentro da biblioteca da faculdade de medicina.

Eu dava aulas sobre sexualidade a estudantes de medicina da Stanford University. Eram alunos brilhantes, atentos; no entanto, eram os jovens de 23 anos mais mal informados sobre sexo que já conheci. Provavelmente um deles é seu médico hoje.

Moral da história: assim como você precisa informar seu médico sobre as idiossincrasias da sua pele (ela queima até quando chove), dos seus seios (tem alguns caroços) e do resto do seu corpo, terá de ensiná-lo também a conversar com você sobre sexo: quais são os efeitos colaterais de uma determinada droga na atividade sexual, se o coito interrompido é um anticoncepcional eficiente, se a menstruação irregular pode afetar sua vida, de que maneira o sexo anal é seguro, por que seus mamilos estão vazando se você não está grávida, como uma pessoa com artrite consegue se masturbar, se você é alérgica a esperma ou ao látex da camisinha, se seu marido não é seu principal parceiro sexual.

Se os médicos começarem a trabalhar o desconforto que sentem diante do tema, serão bem recompensados e terão sua vida pessoal beneficiada.

Uma história pessoal

Há alguns anos, machuquei seriamente minha mão e passei meses em fisioterapia. Alguns membros da equipe tinham curiosidade sobre meu trabalho e por isso eu os conheci um pouco melhor. Para demonstrar minha gratidão, me ofereci para dar uma palestra na clínica. Coincidentemente, logo mais seria realizada uma conferência regional para profissionais especializados em ferimentos de mão (terapeutas ocupacionais e fisiatras, treinadores esportivos e outros) e um orador tinha acabado de cancelar. Eu o substituí com o tópico "Questões sexuais e ferimentos de mão".

Conforme combinado, um mês depois compareci ao auditório onde a conferência seria realizada. Depois de me apresentar, olhei para a plateia lotada, agradeci o convite e perguntei: "Vocês já notaram como os pacientes de mão são mal-humorados?" Como era de esperar, a reação foi forte – risadas, protestos, acenos de cabeça, gente fazendo piada.

Eu continuei:

"Eu sei que vocês conversam com seus pacientes sobre as adaptações que devem ser feitas na cozinha e no banheiro, como eles devem dirigir, como pegar o bebê no colo. Mas quantos de vocês perguntam como eles se masturbam com as mãos machucadas?"

Silêncio absoluto.

"E por que será que eles são tão mal-humorados? Porque não conseguem se masturbar – alguns não se masturbam há meses!" O grupo riu, riu muito; quando a risada diminuiu e foi substituída por um reconhecimento, eu sorri: "Vamos falar sobre a melhor maneira de conversar com seus pacientes sobre sexo, e por que um tópico tão importante é tão ignorado por vocês".

Acredito que alguns veteranos ainda estejam comentando essa apresentação.

Os mitos sobre a saúde e a idade

Apesar da imensa quantidade de informações à nossa disposição e o acesso cada vez maior a elas, muitos preconceitos e ideias errôneas continuam circulando como se fossem fatos reais.

Terminemos então com um questionário sobre os mitos da sexualidade, da saúde e da idade.

Verdadeiro ou falso?
(Respostas na página 219.)

- Mulheres mais velhas não têm orgasmo quando fazem sexo.
- Assim como os jovens, os homens mais velhos precisam ter orgasmo para se sentirem sexualmente satisfeitos.
- Em geral, os mais velhos não são sensuais.
- As pílulas anticoncepcionais são cancerígenas.
- O aborto causa depressão.
- Os homens que perdem o desejo pela esposa ou pela namorada têm pouca testosterona.
- Se a mulher não engravidar depois de algumas tentativas, ela ou o parceiro é infértil.
- O homem gosta de seios grandes; se a mulher tiver seios pequenos não é desejada.
- As pessoas ficam sexualmente mais sofisticadas se beberem.
- Sem ereção, o homem não tem prazer no sexo.
- Ninguém engravida da primeira vez que faz sexo, quando faz sexo em pé ou se lava logo depois.
- Se uma mulher não tem orgasmo com penetração, pode ter com terapia sexual, medicamentos e um novo parceiro.
- Anualmente morrem muitos idosos durante um sexo muito vigoroso – em geral, com prostitutas.
- Não se deve fazer sexo após o terceiro mês de gravidez.
- Os médicos sabem tudo sobre sexo.
- A maioria dos remédios não tem efeitos colaterais.
- Pessoas bonitas são melhores amantes e fazem sexo melhor.
- Drogas para ereção como o Viagra também servem para as mulheres.
- As "disfunções" sexuais têm origem em traumas como estupro, molestamento ou privações sofridas na infância.

- Os problemas de ereção estão, evidentemente, relacionados ao sexo.
- Se você tem uma infecção sexualmente transmissível (como herpes ou clamídia), ninguém deve ter relações com você – e é uma irresponsabilidade propor.

Respostas do questionário:
Todas as afirmações são falsas.
Nenhuma delas é "dúbia".
Os fatos podem despertar sentimentos,
mas são inquestionáveis.

* * *

Independentemente do gênero, da raça, das posições políticas ou de saber ou não saber fazer risoto, "envelhecer" é a única categoria para a qual todos estão caminhando. O envelhecimento desafia a expressão prazerosa da sexualidade. Para quem tem problemas de saúde, as dores, os medicamentos, a insônia, a própria doença são os grandes desafios para uma expressão sexual significativa.

Já é difícil perder nossas fontes de prazer, seja por comida, esportes, filhos, viagens ou sexo. Mas à medida que envelhecemos e os problemas de saúde começam a aparecer, é essencial usar a Inteligência Sexual para recriar e reinventar o sexo. Só assim podemos continuar usando a sexualidade para nos abastecer, em vez de desperdiçá-la em definições rígidas que inevitavelmente nos excluirão.

Como vimos, algumas pessoas têm tanto medo de mudar sua visão sexual que se recusam a fazê-lo. Elas se beneficiam por negar, mas pagam com a perda da sexualidade. Sinceramente, não posso dizer que seja um erro cometido por todos – mas por muita gente. Como dizem os filósofos, a dor é obrigatória, mas o sofrimento é opcional.

CAPÍTULO 10

Crie um sexo infalível (ou bem-sucedido)
Use sua Inteligência Sexual

McCoy e Crystal formavam um bonito casal de 30 e poucos anos. Um pouco mais tradicionais que meus demais pacientes, eram russos ortodoxos, ambos com famílias no país de origem. Já tinham um filho, mas queriam muito ter outro – e antes de conceberem novamente, queriam trabalhar a "vida íntima" do casal. Ambos buscavam um sexo com mais "energia" e "intimidade", menos "estresse" e menos discussões.

Eles não eram só inibidos, eram contraídos. Pensavam que sabiam como o sexo devia ser, e por terem pontos de vista mais ou menos semelhantes, jamais se questionavam. O trabalho sobrou para mim.

Conversamos sobre o relacionamento deles, que era bastante tradicional: ele ganhava o sustento da família e ela trabalhava meio período como enfermeira, além de cuidar do filho e da casa. Nós discutimos temas como poder, autonomia e discordâncias. E como era a igreja que frequentavam. McCoy era menos religioso; Crystal ia à igreja semanalmente, mas controle de natalidade e sexo eram assuntos "pessoais" e decididos entre eles. Notei aí uma independência que mais tarde nos seria útil.

Era interessante discutir sobre sexo com eles. Quando falávamos sobre as atitudes práticas, eles se revezaram em relação ao que não queriam mudar ou estavam dispostos a fazê-lo. McCoy, por exemplo, odiava usar lubrificante durante o sexo – achava que não "precisava disso", mas que havia alguma coisa errada com a lubrificação de Crystal. Para ela, o sexo tinha de ter intercurso porque "os homens precisam disso".

Ele não aceitava a ideia de sexo oral – dizia que era coisa de prostitutas e que um "homem de verdade" não se abaixava para fazer sexo oral em mulher. Ela não queria "marcar" encontros sexuais, porque eles deviam acontecer "espontaneamente" ou seria "muito mecânico, pouco romântico". E no intercurso, ela só aceitava a posição papai-mamãe porque as outras não eram "para senhoras de bem" ou "chamam muita atenção para minhas costas ou para meus seios, que não são tão perfeitos".

Sem querer, os dois cooperavam habilidosamente para não se soltarem. As ideias que eles tinham sobre o sexo boicotavam uma possível intimidade sexual. De tanto se esforçarem para fazer um sexo correto e benfeito, jamais relaxavam ou se sentiam à vontade na cama.

"Bem, eu tenho boas notícias", eu disse um dia. "Existem inúmeras razões para o sexo não ser como vocês querem. Muita coisa precisa mudar."

Eu expliquei que aqueles julgamentos, interpretações e rótulos interferiam na intimidade deles, exatamente o que eles estavam procurando.

"Colocar dois corpos nus juntos para fazer sexo não é difícil. Mas colocá-los juntos quando eles estão a fim de se divertir, ou que dois corpos nus se divirtam quando se juntam, é um pouco mais difícil. Vocês querem que o sexo tenha mais intimidade", continuei. "Como vocês acham que isso acontece? Não é uma questão de posições especiais, de acessórios e truques. Mas de manter-se conectado intimamente durante todo o ato sexual."

Eles puderam reconhecer que se evitavam durante o sexo, acreditavam que um não aceitava o outro e queriam ter uma experiência íntima sem agir com intimidade. Foi difícil para eles admitir tudo isso porque temiam concluir que não se amavam; eu lhes garanti que não era nada disso.

O sexo não é "íntimo" só porque é sexo; é preciso fazer algumas coisas para que se torne íntimo. Às vezes as pessoas não percebem que têm necessidade de que algumas coisas sejam feitas; outros nem percebem que têm essa necessidade. E algumas mulheres pensam que é responsabilidade do parceiro porque é homem, porque tem mais experiência, por tradição ou por inibição.

O casal acreditava que alguma coisa estava errada porque nenhum deles sentia "intimidade" no sexo.

"É óbvio que vocês não sentem", eu sorri. "Vocês não relaxam nem estão planejando o sexo como planejariam, digamos, um piquenique com seu filho. Por que não ficam tensos nesse caso?"

"Porque sabemos o que fazer", disse McCoy.

"Também acho que sabem, mas não é porque estão relaxados em relação ao piquenique. E sim porque não estão preocupados em fazer benfeito, não precisam seguir nenhum roteiro e se não der certo, tudo bem." Eles concordaram. "Agora, transfiram essa mesma perspectiva para o sexo, e eu acredito que vocês vão conseguir relaxar e fazer um sexo mais íntimo."

Em apenas cinco sessões, foi o que aconteceu. McCoy e Crystal começaram a enxergar o que estavam fazendo, passaram a fazer menos e começaram a conversar sobre os problemas. Eu dei algumas sugestões e os incentivei a deixar a terapia comigo (embora eu gostasse de trabalhar com eles). Eles acrescentaram algumas coisas à rotina sexual do casal: mais beijos, mais sexo oral, duas novas posições. Ainda resistiam ao que diziam ser meu "ataque ao intercurso", e McCoy continuava tenso porque Crystal atingia o orgasmo com muito mais facilidade com um vibrador do que com ele.

Mas, no final, o sexo foi desmistificado e se tornou mais real – era algo que eles precisavam moldar e administrar e não ficar parado à espera de que fosse íntimo, aceitando passivamente o que acontecesse.

* * *

O modelo de Inteligência Sexual que estamos explorando é um conceito de sexo que permite "falhar" porque não tem como meta o "sucesso". Se você não se mede pelo padrão "normal", restam então dois padrões: "Estou gostando?" e "Meu parceiro também está?" E como não há nada para dar certo, você não precisa esperar que o sexo termine para decidir como foi. Pelo contrário, aproveita cada momento porque já sabe como termina – termina bem. Pode não ser perfeito, mas é bom.

Diante desta perspectiva, nada pode dar errado no sexo porque não existe "certo" nem "errado". Ereções perdidas, orgasmos rápidos, vaginas secas são meros aspectos do sexo e não uma interrupção, uma falha. Nesse mundo erótico, não há hierarquia cultural que nos diga que certos tipos de sexo são melhores que outros; portanto, sejam quais forem as atividades (consensuais) das pessoas, todas são corretas. Aquelas antigas hierarquias (intercurso é melhor que sexo oral, sexo oral é melhor que manipulação, os dedos dos pés não são sensuais, e assim por diante) podem servir para os contadores, mas não para os amantes. A menos que você queira engravidar, tais hierarquias são arbitrárias e devem ser ignoradas.

Por fim, a Inteligência Sexual trata dos resultados do seu controle sobre o sexo, e não sua subserviência; você é livre para criar (e ter prazer) e não se deixa escravizar pela necessidade de corresponder a um modelo cultural de adequação sexual. E isso é muito melhor do que qualquer orgasmo.

* * *

No Capítulo 1, prometi que veríamos e criaríamos o sexo como um espaço onde errar é simplesmente impossível e nada pode dar errado. Eu espero que você tenha me acompanhado quando discutimos algumas ideias práticas e estratégicas tais como:

- Obter do sexo o que você espera dele.
- Deixar de perseguir o melhor desempenho para ter um sexo relaxado e não o sucesso (ou o fracasso).
- Acreditar que seu parceiro é sexualmente normal.
- Reconhecer a importância de conversar sobre sexo com o parceiro – e conversar da melhor maneira possível.
- Ser realista em relação à fisiologia sexual: aceitar que a ereção pode variar, que a resposta sexual muda com a idade e que as emoções determinam as reações do corpo antes e durante o sexo.
- Reconhecer a importância da sintonia corporal antes e durante o ato sexual e valorizar o ritmo mais lento para facilitar a sintonia.
- Não identificar certas partes do corpo como "zonas erógenas".
- Reconhecer a importância de se preparar e aceitar o fato de que o sexo muda ao longo da vida, assim como o prazer.
- Reconhecer a importância de focar o prazer sexual em vez de a função sexual.

Na verdade, lembre-se de que em todas as nossas discussões, a "função" sexual – ereção, lubrificação, orgasmo – é vista como um meio de criar experiências que você deseja, e não como um fim em si mesma.

*   *   *

Você se lembra de que comecei este livro perguntando o que você espera do sexo. A maioria dos adultos – você, inclusive – espera proximidade e intimidade. Seguem, então, algumas perguntas que costumo fazer aos meus pacientes para ajudá-los a elaborar a questão:

- Se a intimidade é um aspecto tão importante do sexo, por que você não conversa sobre sexo com o parceiro? E por que tolera o silêncio dele?
- Se o sexo diz respeito, ao menos em parte, à intimidade, e você não pode ou não quer se comunicar com o parceiro, como é possível criar intimidade e um sexo prazeroso?
- Como você vai conversar sobre sexo se não sabe que palavras usar?
- Como vai fazer um sexo com intimidade e proximidade se você se esconde emocionalmente?

Embora eu tente ser o mais delicado possível, meus pacientes se encolhem quando faço perguntas como essas, e acredito que o mesmo esteja acontecendo com você. Mas, se você concorda que intimidade e proximidade são partes importantes do sexo, seu comportamento deve facilitar esses aspectos. Durante todo o livro falei sobre isso; a seguir, algumas outras ideias para criar intimidade durante o sexo e fazer dele um espaço onde não existe fracasso. Isso é o máximo da Inteligência Sexual.

Não comece a fazer sexo antes de sentir-se próximo – ou pronto

Não é preciso estar apaixonado para fazer sexo, mas é melhor não fazer quando você se sente distante do seu parceiro ou irritado com ele – por mais excitado que você estiver. Nesse caso, o casal precisa fazer alguma coisa para diminuir esse espaço vazio entre separação e conexão. Se nada for feito, eles farão um sexo, no mínimo, desconectado. Na pior das hipóteses, os corpos não cooperarão e o fracasso será total.

Mesmo em um contexto de carinho e amor é preciso fazer a transição do não sexo para o sexo. Alguns casais têm rituais, como tomar banho juntos ou comer uma coisa gostosa. Outros se sentam lado a lado e se acalmam da correria diária. Essa transição não é perda de tempo; é uma indicação de que um sexo prazeroso virá na sequência.

As "preliminares" são o que muita gente faz na transição do não sexo para o sexo (com intercurso ou não). Inclui beijos, abraços, talvez manipulação genital. Se você não estiver disposto a essas atividades eróticas, existem outras duas possibilidades: fazer coisas sensuais agradáveis (como lavar os cabelos dele ou lamber os pés dela) ou deixar para fazer sexo outra hora.

Para muitos, quanto mais tempo demorar entre dois encontros sexuais, mais desajeitados eles se sentem para recomeçar. Nesse caso, a transição – palavras, gestos e toques – é ainda mais importante.

Prepare o processo de iniciação

Quando os relacionamentos sexuais estão no início, ninguém "toma iniciativa" para o sexo – ele "apenas acontece" porque os casais fazem amor sempre que podem. Após alguns anos isso vai parando; então alguém terá de iniciar a contradança que culminará em a) duas pessoas fazendo sexo ou b) uma delas recusando o convite.

Muitos complicam esse processo dando uma importância exagerada ao balé. Alguns recusam o convite dizendo: "Você não vê que trabalhei muito e estou cansado?". Outros acreditam que se o parceiro não tomar a iniciativa é porque "não me ama" ou "não me acha atraente". Outros simplesmente recusam o convite com uma desculpa para não dizer "não". E outros aproveitam o convite do parceiro para retomar uma discussão inacabada: "Depois do que você disse ontem a minha mãe, ainda espera que eu faça sexo com você?"

Meus pacientes têm ideias interessantes sobre essa questão:

- "Nunca tomo a iniciativa. Quando quero que ele tome, visto a minha melhor camisola e ele já sabe o que estou querendo. Dá certo em 100% das vezes."
- "Vejo que ele se sente pressionado quando dou a entender que quero fazer sexo, então procuro evitar. Mas quando estamos na cama, se ele permite que eu o agrade e não se afasta, já sei que vai aceitar."
- "Detesto quando ele diz 'Que tal hoje à noite?', mas sei que ele está a fim de transar quando toma banho e faz a barba antes de se deitar."
- "Tenho medo de dar um beijo de boa-noite porque ela pode pensar que quero fazer sexo. E ela reclama que eu nunca a beijo."

A parte mais difícil para alguns casais é quando um dos parceiros sugere que está a fim de sexo e o outro recusa. Todo casal precisa encontrar um jeito de um dizer ao outro "hoje não", sem sofrer mais que uma leve decepção. É mais comum entre os casais que a recusa seja seguida de discussões e até brigas.

Então, o que fazer quando um dos dois se recusa a fazer sexo? Eu digo aos meus pacientes que me deixa perplexo a sequência de eventos que essa recusa desencadeia: "Vamos ser claros. Você quer fazer amor com ele. Quer criar proximidade e sentir prazer. Quer que os próximos 20 minutos sejam muito especiais. E se ele diz 'hoje não', você se vira para o lado, recusa o abraço, não quer conversar nem olhar para ele".

"Isso é normal", é a resposta que mais ouço. *Não, não é.* É uma decisão sua. Uma decisão que *não* contribui para o bom relacionamento nem para as chances de ter um sexo prazeroso da próxima vez. E certamente não fará ninguém mais feliz.

Muitos pacientes reagem ao que interpretam como rejeição: "Quem gosta de ser rejeitado? Ninguém".

"Ela não está rejeitando você; está rejeitando fazer sexo com você", insisto muitas vezes. E quando me pressionam, digo: "Ela não mandou você embora, não disse que você é aborrecido, não disse que nunca mais quer fazer sexo com você. Disse apenas que não quer fazer sexo com você agora". Evidentemente, encorajo aquele que diz "agora não" a estender os braços e abraçar e acariciar o parceiro – da mesma maneira que lembro o parceiro mais ansioso que *não* é um convite para fazer sexo.

Assim como "você quer sair esta noite?" tem muitas outras repostas além de sim e não ("Sim, se voltarmos cedo", "Não, se você for beber", "Só se eu tirar um cochilo à tarde", "Pergunte de novo quando eu chegar da academia"), "você quer transar?" também tem várias respostas além de sim e não. Por exemplo:

- "Estou um pouco cansada, mas aceito o convite se você terminar de lavar a louça."
- "Tudo bem, mas não se incomode se eu não gozar."
- "Se for amanhã, terei muito mais energia."

- "Meu lábio ainda está machucado; se você não me beijar, tudo bem."
- "Já é tarde; podemos ir mais rápido?"
- "Eu aceito, mas fico pensando no trabalho que preciso terminar e não vou me entregar 100%. Mesmo assim você quer?"

Por fim, marcar encontros sexuais é uma necessidade para quem tem filhos ou outros adultos morando na mesma casa. Mas nem por isso vocês têm obrigação de transar – afinal, na hora você pode estar com dor de cabeça ou indisposto depois de cuidar do cachorro doente o dia inteiro. Mas marcar um encontro deixa você mais "disponível" para o sexo. O casal concorda em deixar o calendário livre em um determinado dia; e então, se ambos estiverem no clima, poderão transar. Isso evita as queixas que ouço com frequência: "Não me culpe por não transar – eu estava a fim na última terça-feira e você ficou no computador até tarde".

E, sim, para algumas pessoas, a ideia de planejar sexo é tão repulsiva que elas preferem não fazer sexo – e depois se queixam.

Alguns parecem pensar que só existe uma única maneira certa de tomar a iniciativa, e o parceiro que não fizer como se espera ou é desrespeitoso ou é um selvagem.

"Tomar a iniciativa" simplesmente dá partida na máquina que faz a transição entre o sexo e o não sexo. Os casais precisam definir como deve ser para não ficarem discutindo, ano após ano, sobre quem deve tomar a iniciativa, ou o que é ou não é romântico, ou qual é a melhor hora de perguntar – em vez de fazerem sexo. Para os casais que jamais conseguem entrar em um acordo, eu parto do princípio de que existem outras coisas veladas acontecendo. Não conheço nenhum casal que não consiga conversar e chegar a um acordo sobre onde vão jantar. Você conhece?

Dê um tempo, crie um tempo

Quando você calcula o tempo que levará para atravessar o país e visitar tia Minnie em sua mansão (ou em Graceland, na prisão, no estacionamento de *trailer* ou na pista de Daytona), vai incluir o tempo que leva para chegar ao aeroporto, passar pelo detector de metais e embarcar para seu destino.

Similarmente, o tempo que se leva para fazer sexo inclui um tempo para esvaziar a mente (tanto dos excessos do dia a dia quanto do relacionamento) e preparar o corpo (ir ao banheiro, escovar os dentes, tirar as lentes de contato). Você sabe o que significa chegar atrasado ao aeroporto. Não leve essas emoções desagradáveis para dentro da sua experiência sexual.

Não trapaceie com o sexo – reserve o tempo que for preciso para que ele seja benfeito. Se você gostaria de fazer sexo, mas não tem tempo, tenha ao menos um minuto de beijos e carícias. Transe mais tarde, amanhã ou quando puder.

Concentre-se em seu foco

É difícil *não* focar em alguma coisa: não pense em cenoura; não pense em cenoura; não pense em cenoura.

Focar é muito mais fácil: uma berinjela, toda roxa e lustrosa, com um cabo curvo em uma das extremidades e no fundo aquela coroa da mesma cor do cabo, e quando cortada ao meio, não é exatamente branca, mas puxa para o bege, com aquelas pequeninas sementes castanhas.

Não pense na cenoura, *pense* na berinjela.

Em se tratando de sexo, não diga a si mesmo, "não fique nervoso", "não pense em sucesso (ou fracasso)" ou "não pense naquela atriz pornô". Escolha um ponto focal: o corpo, o rosto, a pele do parceiro; o que você sente pelo outro; pense nas mãos, na boca, nos cabelos, nos seios dela.

Da mesma maneira, você pode focar em sua própria barriga ou no seu clitóris. Pode focar em seu pênis supostamente pequeno ou nos beijos e nas carícias nos cabelos da parceira. Pode lembrar-se da última relação sexual tão decepcionante ou pode olhar para a parceira e dizer "que bom que estamos aqui". Você pode – e deve – se concentrar em tudo o que faz durante o sexo. A menos que tenha pensamentos intrusivos e persistentes resultantes de um trauma, concentre-se em qualquer coisa que lhe dê prazer enquanto faz sexo.

Muitos não fazem isso. Preferem se concentrar em coisas desagradáveis – como as críticas ao próprio corpo – e depois acham difícil relaxar no ato sexual. É o mesmo que pensar em todas as coisas horríveis que vem dentro de um cachorro-quente comendo cachorro-quente, ter dificuldade para comer e ainda culpar o cachorro-quente por isso.

Você pode estragar *qualquer* experiência, seja cavalgar, comer, assistir a um filme ou brincar com os filhos. Se você fica se perguntando "como posso gostar de sexo quando sei que estou gordo?" (ou enrugado ou o que for), precisa usar a Inteligência Sexual. Não temos que gostar de sexo porque somos perfeitos (porque é o momento ideal, porque temos um parceiro maravilhoso), mas gostar com as inúmeras imperfeições presentes em cada uma das situações sexuais. O prazer sexual não é para pessoas perfeitas – é para todos.

Não pense na cenoura e *não* deixe de pensar na cenoura. Pense na berinjela. Ou no tomate. Ou em qualquer experiência sexual que você quiser ter.

Trem expresso ou trem local?

O sexo não é um trem expresso – você não embarca e vai até o ponto final sem parar. Se fosse assim, qualquer um pensaria duas vezes antes de embarcar.

Não, o sexo é um trem local. Você começa e vê como se sente. Se gostar, continua; se não gostar, troca de trem ou não toma mais nenhum. Você se cansa e você descansa (e participa o parceiro, evidentemente). Você precisa ir ao banheiro, você vai (e comunica ao parceiro). Você tem cãibra, seus pulsos doem, seu maxilar começa a doer, você muda de posição. Está ressecado, usa mais lubrificante ou bebe água (dependendo de que lado ressecar).

Tomar a iniciativa para um encontro sexual não é assumir um compromisso de continuar ou "terminar". É assumir um compromisso de ser gentil, de estar aberto para tudo o que acontece e participar o outro. Essa perspectiva pode ajudar você a tomar a iniciativa com mais frequência. Evidentemente, você e seu parceiro terão de conversar sobre as experiências que estão vivendo no momento.

Conversar durante o sexo

Mantenha seu parceiro a par de suas experiências. Se você não tem certeza de onde ele está emocionalmente em um dado momento, pergunte "meu bem, você está bem?" E lembre-se: olho no olho é a suprema "conversa" na hora do sexo.

Se você e seu parceiro conversaram sobre sexo nos últimos dias ou na semana anterior, terão o que dizer durante o ato sexual. Por exemplo, se você disse que estava interessada no Jogo do Pirata e não queria mais usar venda, pode fazer uma referência a isso durante (ou depois) da transa.

Como dissemos no Capítulo 8, a conversa sobre sexo deve acontecer *fora* da cama.

Surpreender-se não é o mesmo que se decepcionar. Decepcionar-se não é o mesmo que falhar

Por um lado, é divertido planejar a aventura sexual quando vocês vão transar: onde você vai acariciar o parceiro, onde quer se beijada, se o parceiro está animado, se o orgasmo será incrível e assim por diante. Mais divertido ainda é ter essa conversa com o parceiro com alguma antecedência ("Esta noite vou acariciar você beeeeem devagarinho...". "Sábado eu vou te lamber até você gozar...")

Dito isso, o importante é não ficar muito preso a uma versão específica de sexo em uma determinada ocasião, porque pode acontecer exatamente o contrário do que você imaginou.

Fazendo uma analogia, imagine que você está com muita vontade de comer um frango xadrez. Você diz: "Vamos jantar no chinês esta noite; ou melhor, vamos um pouco mais longe e comer aquele frango xadrez espetacular que é feito lá". Seu parceiro concorda. Você vai dirigindo, passa pelo estacionamento do trailer, pelo parque, pelo museu e chega ao restaurante chinês do Luigi.

Vocês se sentam, pedem o frango xadrez e a garçonete de avental manchado diz: "Hoje não tem frango xadrez. Faltou amendoim". Vocês ficarão desapontados, certamente. O paladar está totalmente pronto para devorar um frango xadrez. Agora, vocês precisam decidir: aproveitar o passeio, arruinar a noite ou fazer qualquer coisa entre um e outro.

Observe que a decisão é sua, não do restaurante.

Vocês saem emburrados e decidem se querem ir a outro lugar, mas já é tarde e o restaurante mais próximo fica a meia hora de distância – e não é o frango xadrez do Luigi. Voltam para casa, pedem um frango xadrez qualquer e comem de mau humor.

Mas também podem fazer uma excelente refeição. Está bem apimentado? É pimenta-do-reino? É o frango que vocês queriam? Há inúmeros preparos de frango no cardápio. O problema é o amendoim? Peça qualquer um, mas exija o amendoim. Então, olhe para o parceiro e sugira um minuto de silêncio pelo tão sonhado frango xadrez. E agora coma, antes que esfrie.

O sexo pode ser visto da mesma maneira – tenha suas preferências, mas seja flexível porque ninguém sabe exatamente como os fatos acontecerão. Um de vocês terá ou não terá ereção; um de vocês estará ou não disposto a brincar de Guerra nas Estrelas; um de vocês pode achar que está perdendo tempo e energia fazendo sexo; um de vocês terá ou não cãibra nos pés, e seu parceiro morderá ou não onde, quando e como você quer que ele morda.

Felizmente, existem outras maneiras de ter um sexo prazeroso além daquela que você imagina. E, felizmente, sempre há uma próxima vez.

Ponha o orgasmo no lugar dele

Talvez você tenha notado que eu não falei muito sobre o orgasmo. Porque, quando o sexo é satisfatório e descomplicado, o orgasmo é apenas um detalhe. Só quando o orgasmo é problemático – você não consegue ter, sente dor, ou tem vergonha ou culpa pelos seus orgasmos – é que ele ganha importância durante o ato sexual.

O sexo nos oferece muitas coisas, como a chance de estar perto de alguém; de presentear o outro; de se sentir belo, desejado e atraente; de se conhecer e se expressar; de sentir-se especial; de gostar do próprio corpo; de brincar de poder; e de violar tabus sem ser castigado.

Tudo isso junto coloca o orgasmo em sua real perspectiva: é apenas um bônus, e nem tão grande assim.

E embora o orgasmo possa ser um momento maravilhoso e libertador de dissolver-se no sol, na lua e nas estrelas, também pode ser meio amargo. Muita gente tem orgasmo e mal consegue sentir porque está preocupada com outras coisas, como saber quanto tempo o orgasmo vai demorar. Para outros, o orgasmo é um símbolo de adequação (de si mesmo, do parceiro ou de ambos), porque o orgasmo é algo que eles *têm*, e não que *sentem*. E quando o sexo não envolve muita conexão emocional, o orgasmo pode ser uma experiência solitária.

Quem pensa que o orgasmo é a melhor parte do sexo, está deixando passar muita coisa. E se o orgasmo for a única parte do sexo de que você gosta, posso garantir que o resto do sexo que você faz deve ser muito decepcionante.

Então, é impossível o sexo falhar? Sim, se você fizer sexo de maneira mais adulta. Fique sóbrio, crie um ambiente melhor, certifique-se de que suas condições básicas estão presentes, se aceite como você é para que sua autoestima não corra nenhum risco e aproveite o que vier. Mas se for o caso, decepcione-se – mas apenas isso.

Ou, como diz Ashleigh Brilliant: "Para ter certeza de que acertou o alvo, primeiro atire e depois chame de alvo o que você acertou".

Apêndice 1

Para casais, terapeutas, psicólogos e médicos

Já que o médico de Lirio tinha se aposentado recentemente, seu checkup anual foi feito com um novo profissional, muito bem recomendado. Durante os exames, o médico notou alguns arranhões nas coxas e nas nádegas de Lirio. Curioso, perguntou o que era aquilo. Ele disse sorrindo: "Ah, eu e meu parceiro gostamos de ser um pouco mais rudes". O médico concordou com a cabeça e continuou fazendo o exame. Quando examinou a próstata (colocando um dedo envolto em luva lubrificada dentro do reto por dois segundos), o médico percebeu que Lirio tinha sentido dor porque ele contraiu levemente o rosto dizendo: "Vai devagar aí. Nós brincamos ontem à noite". Lirio era um paciente incomum: falava abertamente de sexo com seu médico. Não tinha vergonha; pelo contrário, era o médico que ficava claramente incomodado. Lirio já estava acostumado, porque dava aulas de sadomasoquismo e já tinha encontrado as atitudes mais variadas pela frente.

O médico, porém, ficou preocupado.

"Seu parceiro é bruto com você?"

Lirio explicou o relacionamento de dominação/submissão consensual que ele e o namorado, Juan, tinham na cama, o que incluía espancamento, chicotadas e penetração anal. Em todas as atividades, ele e o parceiro fingiam que Lirio era o mais fraco, e ele era obrigado a "submeter-se". Eu disse "fingiam", porque Lirio e o parceiro tinham planejado todos os detalhes do jogo em longas conversas. Juan sabia exatamente do que Lirio gostava, quais eram os limites e a avaliação do impacto da brincadeira. Lirio não hesitava em pedir o que mais gostava nem relutava dizer se já estava perto do seu limite.

Até aí, tudo bem.

Mas quando o médico afirmou a Lirio que ele tinha sido vítima de abuso doméstico e informou que iria "incluir isso no relatório", Lirio achou que ele estava brincando. Mas não estava. Para demovê-lo da ideia, ofereceu chamar Juan, o namorado, para confirmar, mas o médico não aceitou.

Lirio então descreveu a teoria e a prática do sadomasoquismo. Com dois pacientes na sala de espera, o médico começou a ficar impaciente. "Não posso arriscar o bem-estar da minha família colocando em risco minha licença", disse o médico. Era surreal; Lirio ficou chocado. E não tinha mais que dois minutos para mudar a ingênua opinião do médico.

Então Lirio teve uma ideia. Uma das enfermeiras lhe parecia menos convencional: esmalte preto nas unhas, munhequeira de couro, tatuagens, vários brincos em cada orelha. Quando a encontrou, pediu-lhe que conversasse com o médico em seu nome. Era humilhante – pedir a uma estranha, que poderia se ofender com seu pedido desesperado, que interviesse junto ao seu próprio médico: sentia-se como um criminoso que tinha de apresentar provas para evitar o pior.

A enfermeira simpatizou com a causa (ela também era praticante de sadomasoquismo) e imediatamente entendeu a importância do que Lirio lhe pedia. Ela conversou com o médico que, mal-humorado, se convenceu. Em uma atitude mais profissional, ele disse a Lirio: "Eu não sou o médico certo para você". "Tem razão", concordou o paciente, aliviado.

* * *

Apendice I

A história de Lirio não é rara. Os números indicam que a maioria dos pacientes que tem vida sexual alternativa não confia nos médicos para receber as informações necessárias sobre os cuidados com sua saúde. O caso de Lirio nos mostra por quê. Mas deixemos para retomar os pacientes como Lirio mais tarde. Agora, vamos conversar sobre mim e você.

Em geral, os clínicos têm pouco ou nenhum treinamento em sexualidade (por exemplo, nos Estados Unidos, os assistentes sociais da Califórnia participam de um único seminário de dez horas de duração sobre o tema). O treinamento que recebemos é tipicamente voltado para a patologia: abuso sexual, "compulsão sexual", violência sexual, incidência de HIV, gravidez não planejada, turismo e tráfico sexual. Raramente são mencionados o prazer, o clitóris, a não monogamia saudável.

E raramente se toca na imensa variedade de comportamentos sexuais humanos, a menos que seja em um contexto patológico ("é conhecido um número enorme de fetiches e desvios sexuais"). Você pode se formar em medicina, aconselhamento matrimonial, enfermagem ou assistência social sem nunca ouvir falar e muito menos ver um vibrador.

Isso não é bom para nós, profissional e pessoalmente. É ruim também para nossos pacientes.

Mas reflete o que a maior parte dos pacientes sabe sobre sexualidade: é um tema perigoso e temerário, com rumores de prazeres orgiásticos (evidentemente, sem as necessárias instruções).

Já vimos que o enfoque da Inteligência Sexual é o oposto do que os pacientes aprendem e vivem. E de várias maneiras é também o oposto do que os profissionais estudam durante o treinamento. Este apêndice examina (e critica) as repostas comuns aos pacientes que têm dúvidas sexuais e aponta a visão da Inteligência Sexual mais adequada a cada caso.

E se amadurecermos enquanto tratamos dos nossos pacientes de uma maneira mais humana e sofisticada, também é excelente. Todos se beneficiam quando um profissional adquire um pouco mais de Inteligência Sexual.

Examinemos nossos princípios para poder minimizá-los

Psicólogos e médicos vivem na mesma cultura que seus pacientes – assistem aos mesmos programas de TV, usam os mesmos smartphones, frequentam as mesmas igrejas e academias.

Muitas dificuldades sexuais (e de relacionamento) dos nossos pacientes são resultados diretos desses princípios – sobre homens, mulheres, sexo, amor, intimidade, desejo e corpo. Tipicamente, os pacientes creem nos mesmos mitos: que as mulheres só têm orgasmo com penetração; que a ereção acontece quando se quer, independentemente do que o homem sente; que o desejo é uma consequência natural do amor; que os heterossexuais não têm fantasias (ou não deveriam ter) com o mesmo sexo; e que o sexo deve ser natural e espontâneo. Esses mitos reforçam as dificuldades sexuais mais comuns.

Portanto, *grande parte do tratamento bem-sucedido envolve ajudar o paciente a reconhecer suas crenças*, discutir as consequências não desejadas dessas crenças e explorar crenças alternativas.

Entretanto, se não pudermos identificar os mitos dos pacientes, obviamente não poderemos apontá-los. E se esses mitos também forem os nossos, é praticamente impossível identificá-los no paciente. Você já percebeu que todo mundo acredita na força da gravidade? Não? Já percebeu que as pessoas acreditam que a chuva é molhada? Não? Já percebeu que ninguém toma sopa com faca? Não? Quando fazemos o que todos fazem, dificilmente percebemos o que todos fazem. Dizem que os peixes não sabem que vivem na água.

Então, se nós, terapeutas e profissionais de saúde, achamos que sexo é igual a intercurso, não saberemos quais são os pacientes que pensam como nós. Se acharmos que não é sensual nem romântico usar lubrificante e camisinha, ou marcar hora para fazer sexo, não identificaremos os pacientes que pensam da mesma maneira. Se acharmos que dizer ao parceiro o que gostamos de fazer na cama é ser autoritário, não identificaremos o paciente que faz a mesma coisa. E o que não percebemos nos impedirá de fazer um diagnóstico ou desafiar alguns mitos como a causa do problema.

É fundamental que nós, profissionais, identifiquemos nossos próprios mitos sexuais. Não temos que abandoná-los necessariamente, mas precisamos saber que mitos são esses para reconhecer que não são "a verdade", mas meros pontos de vista.

Isso desafia não apenas os valores profissionais do clínico, como seus valores e princípios *pessoais*.

Como nossos valores dão forma ao nosso trabalho

Como membros adultos e competentes da cultura ocidental, todo terapeuta e todo médico tem suas próprias ideias sobre os diferentes aspectos da sexualidade. Pessoas casadas podem se masturbar? Quando a masturbação é "excessiva"? A homossexualidade é "normal"? Quanto desejo sexual é "razoável"? Ficar excitado com espancamento é "obsceno"? Da mesma maneira que é muito grande a variedade sexual, as perguntas também são infinitas.

Note que não existem respostas "certas" ou "científicas" para essas perguntas. Porque elas se referem a valores e não a fatos. Todos nós temos uma noção do que é "normal", "correto" e "real" sobre sexo, mesmo que inconscientemente. A noção de sexualidade é tão profunda na nossa realidade que se torna invisível para nós – até recorrermos a ela como parte do nosso trabalho clínico.

Consideremos alguns exemplos simples: geralmente partimos do princípio de que os pacientes casados são monogâmicos. Acreditamos que a mulher que faz aborto sente culpa ou arrependimento. Podemos perguntar a um paciente em que idade ele "fez sexo" pela primeira vez – sem especificar se foi sexo com parceiro e, nesse caso, se houve intercurso (muita gente faz sexo oral ou anal durante anos, antes do primeiro intercurso). E se esquecer de perguntar se o sexo foi consensual, coercivo ou algo entre um e outro é um grande lapso, considerando-se que um número substancial de primeiras experiências sexuais não é inteiramente consensual.

Veja alguns exemplos de valores que dão forma ao nosso trabalho – as perguntas que fazemos, as interpretações que damos às respostas e as sugestões que são baseadas nessas interpretações:

- O que é sexualidade "normal"?
- Sexualmente, como são "homens" e "mulheres"?
- O que é desejo "normal"? O que o motiva?
- Qual é a relação de fantasia, desejo e excitação?
- O sexo obsceno é saudável? Envolve intimidade?
- Os desejos de submeter-se e dominar são saudáveis?
- Qual é a relação entre sexo, amor e intimidade?
- Qual é o significado de masturbação adulta? Que papel ela tem no relacionamento?

Note que são, principalmente, nossas ideias *não profissionais* que estão na base dos nossos pensamentos e comportamentos *profissionais*: em parte porque não temos um treinamento especializado em sexualidade, mas também porque desenvolvemos nossas ideias sobre sexualidade como adultos normais que vivem em uma determinada sociedade. Não daríamos um salto profissional similar em outras áreas nas quais não temos especialidade – como, digamos, conserto de automóveis –, embora tenhamos algumas opiniões e ideias como leigos. Infelizmente, as profissões clínicas dão pouco valor à especialização em sexualidade: são apenas opiniões leigas "razoáveis" em linguagem fantasiosa.

E nós interferimos nos casos tendo como base nossas próprias ideias sobre, digamos, submissão sexual (politicamente incorreta para as mulheres), exibicionismo (infantil, hostil), sexo casual (medo da intimidade), pornografia (degradante para mulheres, mesmo quando as exibe sentindo prazer), sexo compulsivo e fantasias com o mesmo gênero (homossexualidade latente). Cada uma dessas interpretações pode ser correta para alguns pacientes e para outros ser totalmente incorreta. Quando introduzimos no consultório essas ideias preconcebidas, ignoramos a realidade de um número substancial de pacientes. Meu mundo será validado, mas o deles não. Pelo menos um quarto dos meus novos pacientes é refugiado desse tipo de tratamento profissional aviltante.

Novamente, não importa tanto que respostas você dá às perguntas sobre valores; o que importa é você conhecer as respostas e saber que provavelmente elas estão fundamentadas em sua vida pessoal e determinam seu comportamento profissional sem que você perceba. É nisso que devemos prestar atenção. Além disso, os profissionais deveriam reservar um tempo para identificar também seus valores sexuais.

Função sexual versus *prazer sexual*

Alguns pacientes são muito objetivos para descrever o que querem do sexo. Querem ereções melhores, lubrificação mais rápida, querem que o clímax dure mais tempo, ou seja, mais rápido. Querem sentir mais desejo, ou querem que o parceiro mude nesses aspectos. Querem que a "disfunção", dele ou do outro, seja sanada.

Se você preferir, um bom terapeuta ou um bom médico poderá investigar a vida do paciente e expor a lógica (consciente ou não) que justifica esses "sintomas": trauma, medo do abandono, insegurança sobre masculinidade, medo de intimidade – todo o tormento interior que vemos com frequência.

Na cultura sexual distorcida em que vivemos, se procurarmos por esse tipo de coisa, acabaremos encontrando. Então, teoricamente, ajudamos nossos pacientes a resolver os problemas e dissolver os bloqueios da sua função sexual para resgatar suas genitálias das cinzas da história. Adeus, disfunção sexual.

Se é o melhor que podemos fazer por nossos pacientes, isso já é outra história.

Não vou concordar em trabalhar com um paciente para resolver problemas de ereções não confiáveis e vaginas ressecadas. Mas quando pergunto a eles por que esses sintomas são um problema, as respostas são interessantes:

- "Tenho medo de que meu parceiro me abandone."
- "Não me sinto um homem de verdade."
- "Deus ficará zangado se eu me masturbar."
- "Tenho medo de ser gay."
- "Porque tem alguma coisa errada comigo."
- "Não quero ficar velho."

Apendice I

- "Tenho medo de não amar meu parceiro."
- "Tenho medo de que meu parceiro me castigue."
- "Com minha bagagem emocional, como vou conseguir encontrar um parceiro?"

Eu digo aos pacientes que esses problemas não são sexuais. São problemas de insegurança, são desafios existenciais, são problemas de relacionamento e mal-entendidos sobre a natureza da intimidade. E não serão solucionados com a cura dos sintomas sexuais. Igualmente importante é dizer a eles que consertar sua genitália não é a chave para o sexo fenomenal que todos esperam ter.

Os profissionais precisam ajudar as pessoas a ter mais *prazer*, e não a *funcionar* melhor.

Eu vejo a "função" sexual mais como um meio do que como um fim. Uma dica para os clínicos: não se esforcem tanto para solucionar os problemas de ereção, de lubrificação e de orgasmo! Comecem a tratar das verdadeiras dificuldades: o perfeccionismo das pessoas e a consequente alienação do corpo, as expectativas irrealistas, as visões limitadoras da sexualidade e a ansiedade do desempenho.

Evidentemente, existem problemas fisiológicos que resultam em sintomas sexuais.

Os pacientes que precisam fazer urgentemente um exame médico são os que têm dificuldade para respirar (concorre com problemas de ereção) e sangramento menstrual muito forte (concorre com intercurso doloroso), para citar apenas dois. Eu exijo que meus pacientes tenham feito um hemograma completo pelo menos uma vez na vida; hipotireoidismo e baixos níveis de testosterona e estrogênio são causadores de vários tipos de problemas. Quando os pacientes mais velhos dizem que não consultam um médico há mais de seis anos, exijo que o façam como parte do nosso tratamento.

Mas, em termos de diagnóstico, comecemos pelo mais simples. Lembrem-se: quando digo "casco", me refiro a cavalo e não a zebra.

Vários pacientes me disseram que o médico lhes receitou uma droga para ereção sem perguntar o que sentiam pelo parceiro (muitos não sentiam atração pela esposa ou a namorada). Conheci um médico que tratou uma infecção vaginal crônica sem nunca ter sabido que, embora a paciente só tivesse relações com o marido a cada dois ou três meses, ela dormia regularmente com outra pessoa.

Conhecer a vida dos nossos pacientes é essencial para tratar seus problemas sexuais. Mais que isso, é fundamental para sabermos qual é o problema sexual que precisa ser tratado.

Identifique as narrativas sexuais dos pacientes

Como já vimos, narrativas são as histórias que os pacientes contam para si mesmo (algumas conscientes, outras inconscientes), sobre si mesmo, o que esperam do sexo e o que significa para eles ter várias experiências.

Alguns têm narrativas sexuais neutras ou positivas: sou atraente, competente, desejável. Ou sou razoavelmente bom, sou regular, sou mais ou menos normal. Mas esses pacientes não costumam trazer para o consultório as angústias sexuais.

Meus pacientes se consideram prejudicados, inadequados, não atraentes, abandonados, velhos, censuráveis – em suma, não são sensuais e inelegíveis para serem desejados ou se satisfazerem sexualmente. Essa narrativa é decisiva para que eu os ajude a mudar sua experiência sexual. Considerar essa narrativa, em vez de uma vagina ou um pênis que não funciona ou um clímax ilusório, é o grande segredo.

Evidentemente, não basta dizer: "Você pensa que está prejudicado, mas não está" ou "você não se acha atraente, mas é!". É o mesmo que dizer a uma pessoa deprimida "tenha um bom dia" e querer que ela saia da depressão.

Não, o trabalho é mais sutil. Primeiro, explicamos ao paciente o que é narrativa; depois, descrevemos (espelhamos) qual é a narrativa dele; em seguida, o ajudamos a investigar de que maneira a narrativa dele enfraquece sua satisfação sexual; depois o ajudamos a reconhecer que a narrativa é uma escolha dele; e, por fim, o ajudamos a construir outra narrativa – de adequação e elegibilidade baseada na Inteligência Sexual e não em um abdome fantástico ou em seios perfeitos.

Relegando muita coisa à cultura

O mundo ocidental jamais teve tanta consciência de sua diversidade como tem hoje. Depois de passar anos e anos imaginando o paciente "médio" (branco, classe média, monogâmico, sóbrio), os clínicos de hoje são muito mais sensíveis às idiossincrasias culturais que acompanham cada novo paciente. "Diversidade" é o grande tema desta década, tanto no tratamento clínico quanto corporativo – assim como "não ser um porco sexista" era há 30 anos.

Entretanto, mesmo sendo sensível à individualidade e às biografias idiossincráticas, não podemos ignorar nossas melhores ferramentas nem fazer suposições sobre as limitações dos nossos pacientes. É verdade que os asiáticos tendem a ser mais reservados quanto a sua sexualidade que os caucasianos. E que os cristãos fundamentalistas tendem a assumir que as mulheres se submeterão aos desejos sexuais do marido. E que os judeus ortodoxos acreditam que masturbação é pecado. E, e, e...

Mas também não queremos estereotipar pessoas e culturas como fazíamos na escola. (Você se lembra: "Holanda, tamancos de madeira; Índia, elefantes e tigres; Rússia, vodca e impotência masculina".) Queremos andar sobre uma linha fina sem esconder nosso trabalho porque prejulgamos que as pessoas não conseguirão ouvir ou dar valor ao que dizemos.

Isso é especialmente válido quando se trata de religião. Inflexibilidade é inflexibilidade, independentemente da fonte. Podemos respeitar as crenças dos pacientes *e*, ao mesmo tempo, discutir suas inevitáveis consequências. Se, por exemplo, um homem crê que seja pecado ter fantasias com as mulheres que passam pela rua, é um direito dele – mas complicará muito seu sexo, e ele merece conhecer nossa visão clínica a esse respeito. Similarmente, se um casal insiste que o único controle de natalidade aceitável é retirar o pênis antes de ejacular, ou que a mulher só está liberada alguns dias por mês para o intercurso, também é um direito deles – mas complicará muito o sexo. Nós devemos uma informação clara e objetiva aos nossos pacientes.

Eu trabalho aqui no Vale do Silício com muita gente que nasceu na Ásia ou cujos pais nasceram lá. Em razão disso, periodicamente vejo meus pacientes envolvidos em casamentos arranjados. Metade dessas pessoas conhece suas prometidas há muitos meses ou até anos; a outra metade só conhece há poucas semanas ou a poucas horas do casamento.

Baldev e Gita foram criados em uma região costeira ao sul da Índia. As famílias se comprometeram com o casamento quando eles eram adolescentes, e se casaram quando entraram na faculdade – praticamente não conseguiram namorar sem vigilância. Agora com vinte e poucos anos, as dificuldades sexuais surgiram desde o início do casamento. Além disso, ela ainda não engravidou e as famílias estão pressionando. "Não banque a ocidental", sua mãe a advertiu, "adiando a gravidez até não poder ter mais que dois filhos".

Como ocidental, obviamente considero os casamentos arranjados uma instituição estrangeira. Mas meus pacientes e meia dúzia de viagens a trabalho pela Ásia ensinaram-me muita coisa sobre as vantagens e desvantagens. Se Baldev e Gita estivessem na Índia, eles teriam se consultado com os parentes mais velhos, os anciãos do clã, talvez um guru ou um médico da tradicional medicina ayurvédica.

Aqui, na Califórnia, eles preferiram me consultar. Como trabalhar com essas pessoas que lutam com suas dificuldades sexuais?

Após detalhar a história conjugal, eu disse a eles: "Como vocês podem ver, não sou indiano". Eles sorriram da piada e relaxaram um pouco. "Então não sou especialista em casamentos arranjados. Só conheço um pouco e espero que vocês me digam o que eu precisar saber."

"Pelo que entendi, as famílias de vocês dois se envolveram nesse relacionamento antes mesmo de ele começar. Então, vejo que há mais pessoas além de vocês nesse casamento." Eles concordaram. "Quando falamos em sexo, em geral pensamos em duas pessoas que se amam. Mas no caso de vocês não é só isso. As famílias estavam presentes no namoro, no noivado, no casamento – aposto que a festança durou dois, três dias – e na lua de mel. Ansiosos pelo primeiro neto, desde então eles nunca mais saíram do quarto de vocês. Vejam que eu não estou fazendo uma crítica, mas uma descrição. Por favor, me digam como foi isso para vocês."

Eles eram bem-educados, um pouco acanhados e falaram generalidades e eufemismos. Então acrescentei algumas palavras para dar continuidade à conversa.

"Eu acho que qualquer homem teria dificuldade de ereção se tivesse pessoas olhando atrás dele. E as mulheres achariam difícil relaxar e se soltar se imaginassem a mãe ou o pai no quarto ao lado." Esperei que as palavras fizessem efeito.

"Sim", Baldev disse lentamente, "é mais ou menos assim".

"Acho que você sente a mesma coisa, não é, Gita?" Ela concordou imediatamente. Então fui em frente.

"Vocês dois são engenheiros, certo? Uma coisa é jogar as pessoas dentro de um laboratório e mandá-las trabalhar em um projeto. Mas imaginem se elas não souberem usar o equipamento, não tiverem experiência, não se conhecerem muito bem e a luz apaga – elas teriam que trabalhar no escuro. Como seria isso?" Eles ficaram um pouco confusos, e eu expliquei de outra maneira.

"Vocês dois estão em um laboratório – o quarto conjugal. Nenhum dos dois tem experiência, não conhecem o corpo um do outro, não sabem nada a respeito do outro para funcionar em dupla e sabem que têm de criar um resultado – um sexo bem-sucedido – dentro do prazo. E para dificultar ainda mais o aprendizado, acham que têm de fazer tudo no escuro!"

Os olhos de ambos se arregalaram quando se reconheceram na descrição. E eu concluí:

"É nesse tipo de pressão que vocês estão vivendo há muitas semanas, desde que se casaram. Deve ser um estresse terrível."

Gita foi a primeira a falar.

"Sinto que decepcionei você muitas vezes", disse a Baldev.

"Não, não", contestou o marido. "Eu não tenho sido o homem que... que... – ele começou a chorar. "A culpa é toda minha."

E esse foi o início de uma série de sessões produtivas, embora dolorosas. Tantos anos de frustração e autocensura – vividos em isolamento emocional – finalmente ganhava voz. Foi como se eles descobrissem pela primeira vez que tinham um parceiro.

As expectativas de cada um deles eram pesadas demais.

- "Achei que eu devia excitar você, mas não sabia como – e meus seios são muito pequenos."
- "Ouvi dizer que existia uma coisa lá embaixo que eu devia acariciar, mas não conseguia encontrar!"

- "Ouvi dizer que as mulheres gostam muito... sabe, de satisfazer oralmente o marido... Eu não sabia nem por onde começar e tinha medo de machucar você."
- "Achei que você dependia de mim e queria fazer o melhor possível, mas ficava envergonhado."

Eles ainda são jovens, gostam um do outro, são inteligentes e abertos. Então precisaram de um pouco mais de informação, muita comunicação e incentivo para iniciar um relacionamento sexual – começando de mãos dadas, se beijando, fazendo algumas carícias atrás – isso ainda levou um tempo. Alguns meses depois, eles se despediram de mim mais confiantes eroticamente (sempre de um jeito lindamente envergonhado) e se sentindo mais no comando da própria vida do que poderiam imaginar.

E embora os detalhes sejam muito diferentes de um casal ocidental criado no meio de sexo, drogas e rock 'n' roll, meus pacientes têm problemas semelhantes: expectativas rígidas, informação inadequada, isolamento emocional, pressão sobre o desempenho, orientação para o intercurso e banalização dos roteiros sexuais individuais.

A propósito, quando dou palestras na Ásia, digo que é necessário mudar o significado da noite de núpcias: de "primeiro intercurso" para "inaugurar a carreira sexual do casal com carícias e conversas". É difícil vender minhas ideias em culturas tradicionais, orientadas para a procriação, mas continuo tentando.

Sexualidade "alternativa"

Saibamos ou não, nossos pacientes costumam expressar sua sexualidade além das fronteiras tradicionais. Eles praticam sadomasoquismo, transam a três, fazem sexo comercial, participam de salas de bate-papo, fazem sexo semipúblico, vão a clubes de suingue e usam fetiches como luvas (de borracha, de couro, de renda) ou saltos altos (neles próprios ou no outro; beijando-os, usando-os, sendo pisoteados). E, evidentemente, se envolvem em atividades tabus menos tradicionais – encontros e pornografia, por exemplo.

Como lidar com essas formas de expressão sexual? Sem treinamento especial, só podemos contar com o que temos – nossas próprias crenças (preconceitos?), nossas experiências (positivas e negativas) e com a atitude sexual vagamente suspeita, levemente negativa e igualmente convencional da nossa profissão.

Os psicólogos têm o dever de enxergar além do conteúdo das histórias e da vida dos pacientes e focar nas dinâmicas situacionais e psicológicas. Mas esse dever desaparece quando o assunto é sexo. Embora não devemos dizer aos nossos pacientes como eles devem administrar sua vida, dizemos a eles o que não devem fazer sexualmente; embora não devemos dizer aos nossos pacientes se uma ou outra maneira de encarar a vida é "normal" (mesmo que nos perguntem), insistimos em dar nossa opinião sobre a normalidade da vida sexual deles – em geral, considerando patológico o que eles fazem e desejam.

Os médicos aprendem a conversar com os pacientes sobre as mudanças que eles devem fazer no seu estilo de vida; por exemplo, os ortopedistas costumam dizer aos pacientes que gostam de usar tênis que eles terão de se acostumar com uma leve dor nos joelhos. Se por um lado os médicos costumam levar em conta os valores e o estilo de vida do paciente quando avaliam uma intervenção, por outro ficam incomodados se tiverem que fazer o mesmo em relação ao sexo, substituindo a medicina pela moral.

Muitos pacientes convivem durante anos com o sigilo e a vergonha, que são muito mais prejudiciais do que suas preferências sexuais. Já vi homens confessarem com lágrimas nos olhos que se masturbam com as calcinhas da esposa, por exemplo, e mulheres confessarem envergonhadas que pensam em outra mulher para atingir o clímax com o namorado. Anos e anos de culpa reprimida enfraquecem não só a função sexual, mas a intimidade. Essas pessoas geralmente perdem o desejo porque, inconscientemente, é a maneira mais fácil de elas se distanciarem do sofrimento.

Quando um paciente nos pede para tratar da sua sexualidade, temos de ir muito, muito devagar. Nossa meta inicial é sermos solidários com seu sigilo e sua vergonha, e não querer logo mudar sua expressão sexual. Se isso acontecer – e não acontecerá se nos voltarmos efetivamente para o sofrimento emocional – terá de ser no final do tratamento e não no início.

Precisamos entender também que muitos aspectos dos relacionamentos "alternativos" não se referem necessariamente à dinâmica sexual. Quando os casais que mudam facilmente de parceiros não conseguem entrar em um acordo se o filho terá de merecer a mesada ou recebê-la de graça, provavelmente a troca de parceiro é irrelevante para eles. Pessoas cujas expressões sexuais são bissexualidade, sadomasoquismo ou jogos eróticos têm o mesmo resto da vida que outras mais tradicionais. Então, quando estiver diante de um paciente envolvido em experiências sexuais alternativas, não se apresse em colocá-las no centro da vida do paciente ou do seu tratamento. Por mais difícil que seja, não permita que seu desconforto enfraqueça a neutralidade que é tão importante para todos os pacientes.

Quando esta abordagem desafia a clínica

Desde que os clínicos marinam na mesma cultura sexo-negativa e distorcida dos nossos pacientes, podemos assumir que todos nós internalizamos alguma versão do mesmo sistema de crenças limitadoras sobre o que é "sexo normal" e desempenho que tanto os atormenta. E então, se conseguirmos pôr em cheque a lealdade dos nossos pacientes a essa maneira de pensar, inevitavelmente nos confrontaremos com nossa própria lealdade às mesmas ideias disfuncionais.

Isso é espetacular!

Você poderá tomar consciência da sua própria narrativa "inelegível/inadequada". Perceber que se ressente e se censura por aceitar as limitações a sua sexualidade impostas pelos outros ou por você mesmo. E descobrir que ainda está fechado em algum armário sexual em relação ao seu parceiro.

Você sentirá inveja dos pacientes que se libertarem. Odiará os parceiros que tentarem impedi-lo de se libertar. Ficará nervoso ao sentir os impulsos interiores que você reprimiu por não serem práticos, normais ou irreais. E se arrependerá – do que abriu mão, vendeu barato ou fez sem perceber.

O arrependimento é um estágio importante na avaliação do que você se tornou e o que ainda resta mudar. Todos nós tememos o arrependimento, embora queiramos a serenidade e a energia que estão no outro extremo. Sabe como é, "Todo mundo quer chegar ao paraíso, mas ninguém quer morrer..."

Apêndice 2
Massagem na mão: um exercício

Escolha quem será o parceiro A e o parceiro B. Tanto faz que seja um ou outro.

Este procedimento dura cinco minutos. Desligue o rádio e a TV, fique longe do telefone celular e só o faça quando tiver privacidade. Usem um creme para as mãos. Lavem e sequem as mãos antes de começar. Depois, cada um põe um pouco de creme nas mãos e espalha bem para não ficar nenhum resíduo.

A pega na mão de B. Acaricia e esfrega essa mão *o tempo que quiser*. Talvez você possa olhar as unhas, a calosidade, os pontos mais delicados. Pode esfregar a mão com vigor, delicadamente ou alternando os movimentos. B *não diz nada, não indica nada* – nenhum sinal, nenhuma expressão, nenhuma palavra de prazer – a menos que doa ou coce. Nesses casos, é melhor dizer para A mudar o que estiver fazendo.

A esfrega a mão por um minuto. Não tira os olhos da mão enquanto estiver esfregando. Depois abaixa essa mão e pega a outra mão de B. Esfrega a mão por um minuto, mas dessa vez para que *B sinta prazer*. Agora, B pode *dizer algumas palavras e fazer ruídos* para que A saiba que está gostando. Não diga o que A deve fazer, apenas reaja ao que A está fazendo para que A possa saber se muda ou se continua. A responde ao feedback de B enquanto esfrega essa mão como achar melhor. Depois de um minuto, abaixa a mão.

Agora eles trocam – B pega as mãos de A e esfrega como quiser. Depois de um minuto, pega a outra mão de A e esfrega com o objetivo de dar prazer. Lembre-se de olhar para a mão durante o procedimento.

No final, dizem umas palavras ao outro sobre algum aspecto da sua experiência. Se os dois quiserem conversar mais longamente sobre essa prática, tudo bem. O intuito do exercício é que cada um diga o que foi interessante sobre esse tempo que passaram juntos.

Este livro foi composto em fonte Adobe Garamond Pro e impresso pela Prol Editora Gráfica para a Editora Prumo Ltda.